Y Fi a Mistar Urdd a'r Cwmni Da

Wyn Mel

Y Fi a Mistar Urdd a'r Cwmni Da

Wynne Melville Jones

Argraffiad cyntaf: 2010

Dymuna'r cyhoeddwyr gydnabod cymorth ariannol
Cyngor Llyfrau Cymru

Cynllun y clawr: Alan Thomas

Rhif Llyfr Rhyngwladol: 9781847712042

Cyhoeddwyd, rhwymwyd ac argraffwyd yng Nghymru
gan Y Lolfa Cyf., Talybont, Ceredigion SY24 5HE
gwefan www.ylolfa.com
e-bost ylolfa@ylolfa.com
ffôn 01970 832 304
ffacs 832 782

Cynnwys

GENEDIGAETH NATURIOL

Llanfihangel Genau'r Glyn 1976

'Mistar Urdd yw'r Urdd i lawer o bobl. Crëwyd y cymeriad ym 1976 er mwyn rhoi hwb i aelodaeth y mudiad. Daeth yn hynod boblogaidd. . .'

Arddangosfa urdd.org
Sain Ffagan Amgueddfa Werin Cymru 2009

ALLA I DDIM â dychmygu Cymru heb yr Urdd. All neb amau gwerth y mudiad. Mae wedi goroesi sawl llanw a thrai am dros hanner canrif ac wedi cyflawni mwy nag unrhyw gorff arall i gyflwyno'r Gymraeg a Chymreictod i bobol ifanc yn ystod yr ugeinfed ganrif. Do, fe fu yna ambell gwmwl du. Yr un gwaethaf oedd arwisgiad y Tywysog Charles yn Dywysog Cymru yn 1969. Gadawodd hwnnw graith ar y mudiad ac mae'i effaith yn dal i'w deimlo, heddi yn y flwyddyn 1976 – er bod wyth mlynedd ers y seremoni rwysgfawr yng nghastell Caernarfon. Yn anffodus, pylu wnaeth diddordeb a brwdfrydedd llawer o gefnogwyr y mudiad, yn enwedig yr arweinyddion ifanc, a chollwyd llawer o'r egni a'r deinamig oedd yn cynnal y mudiad cyn 1969. Cafodd hwnnw ei wasgaru i gyfeiriadau eraill erbyn hyn.

Felly, dyw fy swydd fel Swyddog Cyhoeddusrwydd Urdd Gobaith Cymru ddim yn swydd gyffredin. I mi, hwn yw'r jobyn gorau yn y byd, y sialens yn ddi-ben-draw heb derfyn amser na ffiniau ystafell ddosbarth. Gallwn yn hawdd fod wedi dewis llwybr gwahanol. Mae nifer o'm ffrindiau gorau wedi dilyn gyrfa ym myd addysg neu fancio, ond doeddwn i ddim yn gallu gwneud syms yn yr ysgol na chwaith yn un i ddilyn rwtîn. Oes, mae angen egni a brwdfrydedd diflino i wneud y gwaith, a thrwy lwc, dyw hynny ddim yn broblem. Yn wir, mae'r amser yn hedfan ac mae'r gwmnïaeth yn dda.

Er mwyn i'r mudiad lwyddo mae angen cyfuniad o frwdfrydedd gwirfoddolwyr ac ymroddiad staff cyflogedig, y ddwy elfen yn gweithio'n gytûn wrth ochr ei gilydd. O'u cael i gydweithio'n hapus, mae'n goctel pefriog, ac mae'r gweithgareddau'n rhoi profiadau gwerthfawr i ddegau o filoedd o blant a phobl ifanc.

Mae fy rôl fel Swyddog Cyhoeddusrwydd yn fwy na dim ond trefnu cyhoeddusrwydd yn y papurau newydd ac ar y cyfryngau i'r mudiad. Sylweddolais, yn dilyn 1969, bod angen codi ysbryd y mudiad ac aildanio brwdfrydedd arweinwyr ac aelodau. Teimlwn fod hyn yn hanfodol er mwyn sicrhau dyfodol a thwf mudiad sydd yn gwbwl allweddol i sicrhau bod y Gymraeg yn goroesi ac yn ffynnu. Mae hon, felly, yn swydd genedlaethol ac mae ehangder y gwaith yn rhoi cyfle i ymestyn ac i fod yn ddyfeisgar wrth ddatblygu syniadau newydd er mwyn creu impact ledled Cymru. Rhaid cyrraedd plant a phobol ifanc mewn ardaloedd gwahanol ac o gefndiroedd amrywiol.

Y dasg nawr sy'n fy wynebu yn 1976 yw dod o hyd i ffyrdd sy'n tanio'r ymdeimlad o falchder, o fod yn perthyn i fudiad Cymraeg mawr sy'n fodern ac yn ddeniadol. Cafodd ymgyrchoedd llwyddiannus eu trefnu yn 1974 a 1975 a rhoddodd hynny hwb a hyder i ni. Ond bydd dyfeisio'r ymgyrch nesaf ynddo'i hun yn sialens. Llwyddo yn y fenter nesaf yw'r gamp o hyd yn y busnes yma.

Nawr, rhaid cael syniad newydd ar gyfer 1976. Mae heno'n gyfle i mi feddwl gan mai fy nhro i yw bod adre yn y tŷ yn magu'r babi. Er bod Linda yn noson Merched y Wawr Llanfihangel Genau'r Glyn, ac er gwaetha'r gwynt a'r glaw yn taro'r ffenest, mae Meleri Wyn yn cysgu'n dawel ac mae'r coed yn y stôf yn fflamau tanbaid.

Y dasg yw meddwl am syniad ffres er mwyn dal dychymyg plant a phobl ifanc. Wrth fy ochr mae copi o gylchgrawn y mudiad i'r aelodau ifanc a'r arweinwyr, sef *Yr Aelwyd*, yr oeddwn wedi bod yn olygydd arno. Wrth ei ochr mae tudalen lân o bapur sgrifennu swyddogol yr Urdd.

Edrychais ar y bathodyn trionglog. Mae'n logo gwych ac yn ddelwedd mae llawer iawn o'r Cymry yn ei nabod. Mae'n syml ei gynllun ac mae'n cynrychioli addewid yr Urdd o wasanaeth i Gymru (gwyrdd) i Gyd-ddyn (coch) ac i Grist (gwyn). Ond, wedi dweud hynny, mae'n edrych

9

braidd yn stêl ac yn hen ffasiwn erbyn hyn. Fe allwn ei ddiweddaru a'i foderneiddio dros gyfnod o amser, fel sydd wedi digwydd i'r 'Goli' ar botiau marmalêd. Ond, i rai pobol yn y mudiad, yn enwedig y to hŷn, mae'r bathodyn yn sanctaidd.

Dyma ddechrau chwarae o gwmpas â'r bathodyn ar ddarn o bapur glân a'i wneud yn fwy crwn. Yn ddamweiniol, wrth chwarae â phîn ar bapur y sylweddolais fod rhoi awgrym o ginc yn y siâp yn rhoi bywyd yn y bathodyn. O ychwanegu gwên yn y triongl roedd e'n edrych yn hapus ac o gynnwys trwyn a llygaid daeth yn fyw. O'r diwedd, trwy gynnwys rhai ychwanegiadau, mae bathodyn yr Urdd yn datblygu'n fwy o hwyl. Er mwyn iddo allu symud roedd angen dwylo a thraed ac am ei fod yn greadur uwch na'r cyffredin mae pawennau'n edrych yn fwy addas i'w bersonoliaeth na dwylo a thraed. Erbyn hyn, mae'n tyfu'n gymeriad. Nawr, yn ddiarwybod, rwy'n sylweddoli mod i'n gwenu wrth edrych arno. Ydy, myn diawl i, mae hwn yn gweithio. Bydd modd ei ddatblygu ymhellach!

Doedd hi ddim yn anodd meddwl am enw.

Allai hwn ddim bod yn ddim byd arall ond Mistar Urdd.

TREGARON

Lle da i fagu plant

'Hedyn mwstard ym mhob pregeth rad, ac ysgolheictod y tu ôl i bob pryd bwyd oedd fy mhrofiad i a fy chwaer yn blant y Mans.'

Wyn Gruffydd
Darlledwr a Sylwebydd

YN Y PUMDEGAU ROEDD Ysgol Gynradd Tregaron (neu'r Ysgol Fach yn ôl yr enw lleol) yn nodweddiadol o ysgolion Sir Aberteifi gyda'r mwyafrif mawr o'r disgyblion yn dod o gartrefi naturiol Gymraeg a llawer iawn o'r plant o deuluoedd ffermydd y fro. Prin oedd y Saeson a'r di-Gymraeg. Roeddent fel defaid du mewn diadell o ddefaid mynydd Cymreig. Saesneg oedd iaith y rhan fwyaf o'r gwersi a Chymraeg oedd iaith y chwarae.

Yr un wynebau, i raddau helaeth, fyddai yn y dosbarth yn yr ysgol ddyddiol ag yn yr Ysgol Sul (yn enwedig ar y Suliau a fyddai'n arwain at y Trip Ysgol Sul blynyddol) neu yng ngwasanaeth Corlan y Plant yng nghapel Bwlchgwynt ar ddechrau pob mis.

A minnau'n fab y Mans, roedd ein bywyd fel teulu yn troi o gwmpas amryfal weithgareddau'r Capel, nid dim ond dair gwaith adeg oedfaon y Sul ond yn wir trwy gydol yr wythnos. Tebyg iawn oedd hi i lawer iawn o'r plant eraill hefyd, gan mai safonau a gwerthoedd y capel oedd yn llywio a rheoli hyd a lled bywyd eu cartrefi hwythau.

Prin oedd y setiau teledu amser hynny a lle'r oedd yna deledu byddai'r tai hynny'n atyniad arbennig ar adegau o'r wythnos yn llawn dop o blant y stryd yn gwylio'r *Lone Ranger* neu gêm ryngwladol. Roedd cyfresi difyr Wynfford Elis Owen, *Porc Peis Bach* a ddarlledid ar S4C, yn ddarlun difyr a doniol iawn o'r cyfnod.

Doedd bod yn fab y Mans ddim yn fêl i gyd ac fe geisiais sawl tro bwyso a mesur y manteision a'r anfanteision yn y dafol, er mwyn gweld pa ochr oedd yn pwyso drymaf. Roedd yna hefyd elfen felys a breintiedig iawn a byddwn yn manteisio'n llawn ar hynny. Ond, bu'n rhaid i mi ddysgu a deall ambell beth yn ifanc iawn.

Roedd yna ddigon o wirfoddolwyr i'm dysgu i i regi, a buan y sylweddolais fod rhegfeydd o enau mab y Mans cystal, os nad yn well na jôcs Tony Hancock, er mwyn gwneud i bobol chwerthin.

Mewn cymuned o 800 o bobol roedd 500 o'r trigolion yn aelodau o braidd fy nhad. Roedd y rhan fwyaf o'r gweddill yn eglwyswyr dan ofal y ficer, Y Parch. George Noakes (yr Archesgob wedyn), a bu yntau a'i briod yn gyfeillion da ac yn gymdogion dymunol iawn. I'r capel Wesle yr âi'r llond llaw o'r gweddill.

Roedd yna barch aruthrol i swydd y gweinidog, neu'r Bugail fel y byddai pobol yn ei gyfarch. I fod yn deg â phobl Tregaron roedd yna deyrngarwch personol hefyd a gafodd ei ddangos trwy garedigrwydd mawr iawn a chefnogaeth gyson am 30 o flynyddoedd. Mae Dai Jones Llanilar wedi jocan wrthyf droeon mai Melville Jones Tregaron oedd Iesu Grist i'w fam-yng-nghyfraith. Fyddwn i byth yn honni hynny, ond roedd Nhad yn ddiplomat ac roedd y ddawn o ddylanwadu ar bobol ac ennyn eu hymddiriedaeth yn dod yn gwbl naturiol iddo.

Roedd Mam o anian wahanol i'r hyn y byddai aelodau'r capeli yn chwilio amdano ar CV gwraig i weinidog yn yr oes honno. Byddai hi wastad yn byw ar ei hiwmor ac mae'n dda gennyf ddweud nad oedd ganddi fawr o amynedd gyda'r sych dduwiol. Fu hi erioed yn un am gymryd ei chrefydd ormod o ddifri na chymryd rhan yn gyhoeddus yn yr oedfaon ond fe lwyddodd i gyflawni swydd (ddi-dâl) gwraig gweinidog yn ddigon anrhydeddus a welais i neb erioed cystal â hi am gysuro pobol yn eu trallod neu am ailgynnu gwên ar wynebau trist a chodi calon o bwll tywyll profedigaeth. Bu ei hyfforddiant fel athrawes gwyddor tŷ yn fantais iddi fel gwraig gweinidog gan iddi weini te'n gyson yn y festri adeg angladd, cyfarfod misol, cymanfaoedd yn ogystal ag yn ystod gweithgareddau cymunedol.

Un prynhawn dydd Sul roedd fy mam ar ei ffordd adre o'r Ysgol Sul a gwelodd un o'n cymdogion, gwraig hoffus a ffyddlon yn y capel ac un a oedd wedi cenhedlu llond tŷ o blant, yn pwyso ar gât yr ardd yn chwilio am sgwrs wrth iddi ymlacio ar ôl clirio'r llestri cinio. Roedd hi wedi bod yn darllen y *News of the World* ac wedi ei syfrdanu gan y cynnwys i'r fath raddau nes iddi ddweud wrth Mam:

'... Mrs Jones fach, 'na chi beth ofnadw yw'r sacs 'ma...'

Fe achosodd y sylw i Mam sgrechen chwerthin a bu'r stori yn ei goglais am flynyddoedd lawer wedyn.

'*All human life is here*' oedd slogan gwych papur Sul enwog a dyna i chi, mewn pum gair, ddarlun cywir o gymuned Tregaron.

Sylwais pan oeddwn yn ifanc iawn fod rhai o'r praidd yn ymddwyn yn wahanol pan oedd Nhad yn bresennol. Nid mod i erioed wedi cael yr argraff bod yr un ohonynt yn ymddangos yn anghysurus yn ei gwmni. Hwyrach mai rhyw barchedig ofn neu ymgais i ddangos eu hochr dda oedd y rheswm am hyn. Ond, roeddwn i'n eu gweld yn bobol wahanol iawn yn y mart, ar y stryd, yn y siop, yng ngweithgareddau'r neuadd goffa ac yn y capel. Ai'r rhain tybed oedd y defaid colledig y byddwn yn clywed sôn amdanynt yn yr Ysgol Sul?

Yn yr hen gymdeithas glòs Gymraeg roedd yna ochr gudd yn dod i'r wyneb bob hyn a hyn, yn enwedig o safbwynt y ddiod, gamblo a rhyw. O feddwl am y peth mae hynny'n dal yn wir. Sylweddolais nad y bobol ymddangosiadol grefyddol oedd bob amser y bobl orau a bod cael gormod o ddos o grefydd yn gallu effeithio'n rhyfedd iawn ar ambell un.

Roedd llawer iawn o blant yn mynychu'r capel bryd hynny a bu'n rhaid i Nhad orfod dadlau a dwyn tipyn o berswâd ar y blaenoriaid cyn cael caniatâd i brynu taflunydd i'w ddefnyddio yn bennaf ar gyfer y cwrdd plant a gynhelid yn wythnosol yn y festri. Doedd teledu heb gyrraedd Tregaron yr adeg hynny a byddai'r festri'n llawn o blant eiddgar yn mwynhau *film strips*, y rhan fwyaf yn seiliedig ar straeon Beiblaidd. Yn nhermau heddiw dyna oedd y dechnoleg ddiweddaraf ac felly roedd Capel Bwlchgwynt yn *state of the art* ac i bob pwrpas ar y blaen yn sicr o'i gymharu â llawer o gapeli eraill yng nghefn gwlad Cymru. Ymysg y plant yn y capel roedd Ifan Cefnresgair, sydd erbyn hyn yn adnabyddus trwy Gymru fel Ifan Gruffydd, y comedïwr. Roedd teulu Ifan yn uchel iawn eu parch yn ein tŷ ni ac yn aelodau yng nghapel bach Rhiwdywyll, ar y ffordd fynyddig o Dregaron i Abergwesyn. Rhiwdywyll oedd un o bedair cangen yn y wlad i Gapel Bwlchgwynt, a adeiladwyd pan oedd yna boblogaeth o ddyddynwyr yn byw ar lethrau'r mynydddir. Roedd tad Ifan yn flaenor ym Mwlchgwynt a Sali ei fam yn gymeriad unigryw ac rwy'n aml yn cael fy atgoffa ohoni pan welaf un o sgetshys doniol *Ma Ifan Ma* neu pan fydd yn perfformio mewn Noson Lawen ar S4C.

Y mae i Dregaron ei chymeriad unigryw ei hun. Mae'n hen dre porthmyn ac roedd yno slawer dydd dafarndai rownd pob cornel, 17 ar un adeg, a dyna lle'r oedd llawer o'r busnes yn cael ei setlo. Hyd y gwn i, Tregaron yw'r unig le ar ôl yng Nghymru lle mae'r arferiad o barcio'r car yn lle bynnag mae e'n stopio yn rhywbeth hollol naturiol. Fedra i ddim â dychmygu ciw hir o ymgeiswyr am swydd warden traffig yn Nhregaron. Pwy yn ei iawn bwyll fyddai'n barod i dreulio gweddill ei oes heb gydwybod glir am godi dirwy a thâl ar Gardis lleol? Cwbwl anfaddeuol.

Myth llwyr yw'r syniad bod y Cardi yn un tyn â'i arian. Does unman gwell na Thregaron am godi arian at achosion da a llwyddwyd dros y blynyddoedd i godi arian sylweddol iawn i elusennau trwy weithgareddau lleol megis apeliadau, nosweithiau coffi a chyngherddau. Cyfrinach llwyddiant unrhyw ymgais o'r fath mewn lle fel

Tregaron yw cael y person iawn i drefnu'r achlysur. Mae yno bobol o hyd sy'n gallu tynnu'r gorau o'r gymdeithas glòs, lle mae yna deyrngarwch dwfn yn bodoli rhwng unigolion a'i gilydd ymhlith y gymdogaeth leol.

Os oedd yna barch i Weinidog yr Efengyl yn Nhregaron roedd yna broffesiwn arall oedd yn sicr yn gyfuwch. Credais erioed fod y banciau yn dewis eu Rheolwyr ar gyfer y canghennau yn Nhregaron yn ofalus iawn a bod eu sgiliau wrth gymdeithasu'n bwysig iawn wrth iddynt gael eu dewis. Byddai disgwyl iddynt fod yn bileri'r gymdeithas a'u diddordeb mewn pobol ac yn y gymuned yn ddiflino. Roedd yna dri banc yn y dre a chymaint oedd urddas yr adeiladau hyn y gallech yn hawdd gredu eu bod yn demlau. Sylwais fod ambell un o'r cwsmeriaid yn tynnu ei gap wrth fynd i mewn trwy ddrws y banc, fel arwydd o barch.

Roedd llawer o bobol yn byw'n syml iawn a'u gorwelion yn ddigon cyfyng, yn enwedig pobol y ffermydd bach. Cafodd yr hen gymdeithas hon ei disgrifio'n ffraeth gan y Parch. Elwyn Pryse fel 'Byd y *Welsh Gazzette'*. Byddwn yn aml yn ymweld â llawer ohonynt gyda fy nhad pan fyddai'n bugeilio. Daeth sawl un o'r tyddynnod hyn yn enwog ymhen rhai blynyddoedd fel lleoliadau a ddefnyddiwyd adeg y cyrch cyffuriau enwog, *Operation Julie*. Roedd y croeso wastad yn gynnes a byddwn innau wrth fy modd yn eistedd ar sgiw yn y lle tân agored a chroen fy nghoesau'n troi'n batrymau coch yng ngwres y fflamau, a byddai gwynt mwg ar fy nillad wrth adael.

Byddwn yn ystod y tymor cneifio yn ymweld â nifer o ffermydd yr ardal ac yn mwynhau'r achlysur fel un cymdeithasol a gastronomig (wel, llond plât o fwyd i ginio ac i de) ac roedd yn gyfle i chwarae gyda nifer fawr o blant eraill. Un o fy hoff ffermydd ar gyfer diwrnod cneifio oedd fferm y Fforest – tyddyn bychan ar dir uchel uwchben y ffordd rhwng Tregaron a Llanddewi Brefi. Doedd yna ddim ffordd galed yn arwain at y lle. Yno roedd dau frawd, Siami a Sam, a byddwn yn cael hwyl fawr yn eu cwmni nhw a'u cymdogion am y dydd. Ar un o fy ymweliadau cyntaf, a minnau fawr ddim o beth, es at Siami i ddweud fy mod eisiau mynd i'r tŷ bach a mod i'n methu gweld toiled yn unman. Cefais gymorth ganddo'n syth 'Dere 'da fi ac fe ddangosa i ti ble i fynd'. Roeddwn wedi sylwi bod y cneifwyr yn piso'n gyhoeddus wrth dalcen y tŷ, ond roeddwn i eisiau gwneud mwy. Mae'n rhaid bod yno doiled yn rhywle. O ddilyn Siami cefais fy nhywys i gae wrth gefn y tŷ a'i gyfarwyddyd i mi oedd, wrth ddangos y cae ffrwythlon, 'Dyna ti 'te, dewis di dy le'.

Ymhen rhai blynyddoedd wedi i Siami a'i genhedlaeth gael eu soffistigeiddio daeth haid o hipis i'r ardal i chwilio am y bywyd da a throi'r cloc yn ôl. Dychwelyd at y dulliau mwy cyntefig o ddelio ag angenrheidiau bywyd wnaethon nhw a dewis y dail tafol yn hytrach na'r *soft tissue*. Tybed ai troi mewn cylch yn yr unfan mae bywyd?

Y brif hwyl o ran chwarae yn y Fforest oedd rowlio hen deiars i lawr y llethr serth trwy'r rhedyn am ryw hanner milltir ac o fynd yn dda byddai'r olwyn rwber yn neidio dros y ffens i'r gwaelod ac ar draws y ffordd fawr sy'n rhedeg o Dregaron i Landdewi ac i mewn i afon Teifi. Roedd e fel sgio, heb lifft sgio, a byddai'r ymdrech o redeg i lawr yr holl ffordd i'r afon ac yna lusgo'r teiar yn ôl unwaith eto'r holl ffordd lan y banc serth yn orchest chwyslyd, ond byddai'n saff o olygu y byddwn i'n cysgu'n drwm trwy'r nos. Ymhen blwyddyn neu ddwy doedd hyn yn ddim ond chwarae plant ac roedd disgwyl i mi rannu llinynnau a gwasgaru rhedyn ar lawr y sgubor a nodi'r defaid cyn cael fy nyrchafu i ddal yr ŵyn ar gyfer eu cneifio. Fues i erioed yn fawr o foi â'r pinsiwrn sbaddu.

Rwy'n eithriadol o falch o'm magwraeth yn Nhregaron a go brin fod yna le gwell yn y byd i fagu plant. Mae'n destun balchder mawr i mi fod fy ŵyr cyntaf, Ianto, nawr yn cael ei fagu yn Nhregaron wedi i Manon a Gwion adeiladu cartref newydd i'r teulu yn Pen Pica.

Yn ystod cyfnod fy magwraeth roedd gafael y capeli ar gymdeithas yn dal yn gryf ac yn darparu i gyfarfod ag anghenion cymdeithasol a diwylliannol y cymunedau. Y sefydliadau crefyddol oedd yn rheoli gwerthoedd a safonau'r gymdeithas gyfan ac roedd eu dylanwad yn cyrraedd ymhell y tu hwnt i furiau'r capel. Dros y blynyddoedd aeth bywyd yn ei flaen ond arhosodd llawer iawn o'r capeli yn eu hunfan gan gredu bod dulliau ddoe yn ddigon da i heddiw. Mae'r gwrthgilio a'r dirywiad enfawr yn y teyrngarwch a'r gefnogaeth i'r capeli erbyn hyn wedi creu bwlch ac wedi cyfrannu at y problemau cymdeithasol yn ein cymunedau ni'r dyddiau hyn.

Ond, a bod yn gwbwl onest, doedd y sefydliadau crefyddol ddim yn berffaith o bell ffordd ac roedd eu dulliau o daclo rhai materion megis dirwest, rhywioldeb a materoliaeth ddim bob amser yn ddoeth ac yn aml yn gul ac yn unllygeidiog. Un o enghreifftiau gwaetha'r drefn oedd y modd roeddent yn delio â merched ifanc beichiog dibriod drwy eu diarddel o'r capel mewn cyfarfod arbennig o'r Seiat. Fe achosodd hyn gymaint o loes a gofid i deuluoedd da a chollwyd llawer ohonynt o'r capeli am byth. Doedd fawr o gefnogaeth i'r drefn hon yn ein tŷ ni.

Mae'r hyn a ddysgais pan oeddwn yn grwt yn Nhregaron wedi bod yn help mawr i'm cynnal yn y gwaith a ddewisais fel gyrfa a dyw'r ddeuoliaeth a'r cymhlethdod a brofais mewn pobol fel mab y Mans ddim yn unigryw i Dregaron. Wrth gwrs bod 'na dda a drwg yn perthyn i bawb ymhob man a'r gwrthdaro rhwng y ddwy elfen yw drama bywyd.

Roedd pwyslais Nhad wastad ar ddod o hyd i'r da ac mae chwilio am y da yn sylfaenol mewn PR. Hwyrach bod yna debygrwydd rhwng y weinidogaeth a'r byd PR? Y cymhwyster allweddol i'r ddau yw'r gallu i drin a thrafod pobol.

Saesneg oedd y *lingua franca* rhwng fy nhad a'm mam er i'r ddau fod yn frwd eu cefnogaeth i ymdrechion megis sefydlu ysgol Gymraeg ym Maesteg ac yn gyson o gefnogol o achosion i gefnogi'r iaith a'r diwylliant Cymraeg dros y blynyddoedd a'u cefnogaeth i'r Urdd yn fawr. Plant eu cyfnod oedden nhw, ac fel llawer iawn o deuluoedd o gymoedd Morgannwg rhwng y ddau ryfel byd roedd yna duedd, hyd yn oed o fewn sefydliadau Cymraeg a'r capeli, a fu'n gynheiliaid yr iaith mewn sawl cwm, i'r Saesneg fod yn iaith gyffredin. Fel arall roedd ein bywyd ni yn Nhregaron, ar wahân i wersi'r ysgol, yn gyfan gwbwl Gymraeg a thrwy'r iaith honno y bu pob cyfathrebu â ni'r plant o fewn y cartref.

Fues i erioed yn seren yn yr ysgol ond llwyddais rywfodd i grafu fy ffordd trwy'r 11+. Hwn oedd yr arholiad tyngedfennol, ond creulon, ar ddiwedd cyfnod yn yr ysgol gynradd a fyddai'n rhannu'r defaid oddi wrth y geifr, ac i bob pwrpas yn llywio trywydd ein dyfodol. Y wobr o lwyddo yn y prawf oedd cael beic ac mi gefais innau feic â *drop handlebars*, un ail-law ar ôl Gildas, un o fois Tregaron. Ond, os amseru yw'r gamp gyda phob dim roedd yr amseru yn yr achos hwn yn draed moch. Fe gyrhaeddodd y peiriant dwy olwyn ar nos Sadwrn ond chefais i mo'r pleser o'i ddefnyddio tan y dydd Llun. Doedd cymdeithas ddim yn caniatáu chwarae ar feic ar y Sul ond roedd rhai o'm ffrindiau yn dioddef yn waeth na mi wrth iddyn nhw gael eu gwahardd rhag darllen comics ar y Sul. Bu gorfod aros am un Sabath hir heb allu mynd am sbin ar fy meic newydd yn brofiad poenus a ddioddefais yn dawel ac mae'n siŵr i'r culni Piwritanaidd adael craith ar fy meddwl hyd y dydd heddiw. Dyna oedd ffordd o fyw'r cyfnod ac eithriadau prin oedd y bobl a fyddai'n herio'r drefn.

Er bod yr ysgol gynradd yng nghanol bywyd y gymuned, prin oedd gweithgareddau'r Urdd yno yn y dyddiau hynny. Mae pethau'n wahanol yno erbyn hyn.

Prin yw fy atgofion clir o'r cyfnod ond mae un agwedd sy'n gwbwl eglur yn y cof. Roedd tŷ bach y bechgyn yn adeilad awyr agored a byddai'n gystadleuaeth gyda ni'r bois i geisio piso dros y wal nes bod y diferion yn rhedeg lawr ochr allanol y wal yn iard yr ysgol. Fel un o fois tal yr ysgol meddyliais y byddai gennyf fantais ond lwyddais i erioed i gyflawni'r gamp. Byddai llwyddo i ni'n gyfystyr ag ennill anfarwoldeb neu drwy haeddu cael ein hurddo â'r Wisg Wen. Eto, roedd rhywbeth yn fy ngyrru i feddwl y gallwn orchfygu pob rhwystr ac roedd sôn bod rhai o hen fechgyn Tregaron wedi llwyddo ond fues i erioed yn dyst i'r fath orchest.

Byddai ein hymwneud ni â'r Urdd yn fater o gystadlu yn yr Eisteddfodau Cylch a Sir yn unig. Plant Ysbyty Ystwyth a Phont-rhyd-y-groes fyddai'n sgubo'r gwobrau yn flynyddol yn Eisteddfod Cylch Tregaron. Yno roedd canu a chystadlu yn eu gwaed ac yma, yn y cornel hwn o Geredigion, roedd teuluoedd cyfan yn meddu ar ddoniau cerddorol arbennig.

Byddwn i a rhyw ddau ddwsin o'm cyfoedion yn canu yng Nghôr yr Ysgol dan arweiniad y Prifathro, neu'r Mistir neu Jonsi Bach i ni'r plant. Roedd yn ddyn hoffus â cherddoriaeth yn ei waed a byddai'n cael mwynhad mawr wrth ein dysgu i ganu.

Os digwydd i'r côr lwyddo yn yr Eisteddfod Gylch byddem wedyn yn cael ein rhyddhau o'r gwersi am sesiynau caled o ymarfer, ddydd ar ôl dydd, er mwyn i ni ddisgleirio ar lwyfan yr Eisteddfod Sir yn Neuadd Goffa Aberaeron. Cystadleuaeth y corau fyddai'n cau'r cystadlu ar ddiwedd y dydd. Erbyn hynny, byddai'r Mistir wedi cael amser da yn ystod y dydd yn Aberaeron ac mewn hwyliau arbennig o dda. Yn ei frwdfrydedd byddai'n symud ar hyd y llwyfan wrth ein harwain a byddai hyn yn ychwanegu at yr adloniant i'r gynulleidfa ac yn ysgafnhau diwrnod hir o gystadlu. Mae 'na ryw ffasiwn od y dyddiau hyn i wneud i aelodau corau i symud i'r gerddoriaeth wrth ganu, a rhai'n rhy stiff i wneud hynny, ond dyw hyn yn ddim byd newydd o gofio am berfformiadau arloesol Côr Ysgol Gynradd Tregaron. Ond er cymaint y paratoi a'r perfformio does gen i ddim cof i'r côr fynd ymhellach na'r Eisteddfod Sir.

Roedd amserlen yr ysgol yn dilyn patrwm digon undonog o ran gwersi a gweithgareddau eraill a'r rheiny yn yr un mowld ers blynyddoedd. Weithiau byddai ymwelwyr yn galw heibio'r ysgol gan gynnwys y Cyfarwyddwr Addysg ac ambell Arolygwr. Yr un y byddai ofn arnaf fi ei weld yn dod i mewn trwy glwyd yr ysgol oedd Deintydd Ysgolion Sir Aberteifi, sef Percy Evans, a byddai'n well gennyf fod yn unrhyw le ond yn yr ysgol ar y diwrnod hwnnw – sy'n egluro cyflwr dieflig fy nannedd heddiw.

Un diwrnod yng ngwanwyn 1954 a ninnau'r disgyblion yn ciwio yn y cantîn amser cinio y gwelais y prifathro a Miss Bessie Jones, athrawes dosbarth y babanod, yn cerdded i mewn i'r ffreutur yng nghwmni dyn tal golygus â phen moel oedd yn gwisgo siaced corduroy coch tywyll. Roeddwn i yn ei nabod ar yr olwg gyntaf. Wncwl Bob oedd e i mi, ond R E Griffith i'r lleill, ac RE i bobl yr Urdd. Fe oedd Cyfarwyddwr yr Urdd ac roedd e yno ar berwyl penodol i drefnu Gŵyl Sir gyntaf yr Urdd, a honno i'w chynnal yn Nhregaron.

Roedd gennym gysylltiad teuluol ag RE trwy ei wraig, Olwen Griffith, oedd yn gyfnither gyntaf i Mam. O bawb yn y teulu hi oedd un o fy ffefrynnau a byddwn yn cael llawer iawn o hwyl yn ei chwmni. Byddem ni fel teulu yn galw'n gyson i'w gweld yn eu cartref yn y Gelli, Cae Melyn, Aberystwyth, pan fyddai Nhad mewn cyfarfodydd o bwyllgorau'r Cyfundeb neu ar ei ymweliadau â chleifion ardal Tregaron yn Ysbyty Aberystwyth. Adeiladwyd y Gelli yn arbennig ar gyfer Elis Thomas, tad Olwen, a'r teulu a hynny gan fy nhad-cu, Jenkin Davies o Faesteg. Roedd Elis yn lliwgar ac yn ecsentrig llwyr a byddai'n mynd i nofio yn y môr ger Neuadd Alexandra ar ben pellaf prom Aberystwyth bob dydd haf a gaeaf ac yntau yn ei hen ddyddiau.

Roeddwn wrth fy modd yn ymweld â'r Gelli. Yno yn y stafell ymolchi roedd yna dapiau ac arnyn nhw'r geiriau 'oer' a 'poeth' yn y Gymraeg. Doeddwn i erioed wedi gweld dim byd tebyg ac roedd yn gartref prysur a Chymreig iawn ei naws, â'r Urdd, wrth gwrs, yn gwbwl ganolog i'w bywyd. Roedd Olwen wastad yn coginio ac roedd ei tharten mafon coch yn eithriadol o flasus nes i mi, yn chwech oed, glirio'r cyfan, yn ôl y sôn. Roedd hi'n fwrlwm o ynni a bob amser yn llawn hwyl a phrin iawn yw'r bobol sydd â'r ddawn i wneud i chi deimlo'n well o fod yn eu cwmni. Mae'n gyrru ias i lawr fy nghefn wrth glywed yn flynyddol yr arweinydd ar lwyfan Eisteddfod Genedlaethol yr Urdd yn cyfeirio at Wobr Goffa Olwen Griffith heb fawr neb o'r gynulleidfa erbyn hyn yn cofio'r arian byw o berson a fu fyw i'r Urdd ar hyd ei hoes.

RE oedd Cyfarwyddwr cyntaf yr Urdd a threuliodd flynyddoedd maith yn cadw trefn ar y mudiad. Roedd ef a'r sylfaenydd Syr Ifan ab Owen Edwards yn dîm perffaith: Syr Ifan yr arloeswr a'r dyn syniadau ac RE y diplomat, y gweinyddwr a'r trefnydd – y cyfuniad

perffaith ar gyfer troi breuddwydion yn ffaith.
Roedd gennyf edmygedd mawr iawn o RE. Byddwn yn
gwrando yn astud ar ei storïau am bob agwedd o waith
yr Urdd. Byddai wrthi'n gyson yn trefnu eisteddfodau,
a gwyliau a gwersylloedd, chwaraeon, cyngherddau a
nosweithiau llawen, yn cyhoeddi cylchgronau ac yn
teithio dros Gymru benbaladr yn cyfarfod â hwn a'r llall.
Byddai hefyd yn gwisgo'n ffasiynol ac yn fwy modern
na dynion o'i oed, wel yn fwy trendi na dynion Tregaron,
beth bynnag, a byddai'n gyrru Audi, mêc o gar a oedd yn
ddigon prin ar ffyrdd Cymru yn y cyfnod hwnnw, ond
byddai'n gyrru fel maniac. Roedd ganddo bresenoldeb
a charisma fel y cofiaf yn dda hyd y dydd heddiw am
y diwrnod yr ymddangosodd yng nghantîn Ysgol
Tregaron.
Yn ystod ei ymweliadau cyson â Thregaron i baratoi
at yr Ŵyl Sirol byddai'n galw heibio'n tŷ ni yn aml.
Cynhaliwyd yr ŵyl ar gae chwarae Brynheulog, mewn
pabell fawr, ac roeddwn yn aelod o *dableau* o bedwar
mewn cystadleuaeth yn seiliedig ar thema 'Hei Ho, Hei
Ho, Fi yw Sipsi Fach y Fro'. Cawsom, y pedwar ohonom,
Maureen, Carol, Richard a finne, ein gwisgo mewn
mwfflers a baeddu ein hwynebau â choffi er mwyn i ni
edrych fel y stereoteip o sipsi'r cyfnod. Cefais fenthyg
hen bibell, y bu Tomos Insiwrans, ein cymydog ar sgwâr
Tregaron, yn ei smocio ers degawdau, a dyna'r tro cyntaf i
mi gael blas o'r baco chwerw a oedd ar y pryd fel gwenwyn
yn fy ngheg ond cyffur a roddodd lawer o gysur i mi am
sawl blwyddyn wedyn. Bu'r ymgais yn un llwyddiannus
iawn a'n *tableau* ni a ddaeth yn fuddugol.
Pan gynhaliwyd Eisteddfod yr Urdd yn Llanbed yn
1958 roedd RE yn lletya gyda ni yn y Neuadd Wen yn
Nhregaron a chefais job o waith (di-dâl) ganddo i dreulio
cyfnod yr Eisteddfod yn Llanbed a chymryd gofal o holl

dlysau'r ŵyl. Roeddwn yn cyd-deithio yn ei gar Audi bob dydd a fy nghyfrifoldeb i oedd paratoi'r tlysau ar gyfer y llwyfan a chofnodi enwau'r enillwyr. Yr adeg honno roedd statws uchel i'r tlysau am mai ymgiprys i ennill tlws a marciau i'r Sir fyddai prif ysgogiad y cystadlu. Roeddwn yn llawn deimlo cyfrifoldeb fy swydd.

Rhoddodd Gŵyl yr Urdd yn Nhregaron yr ysbrydoliaeth i griw ohonom, pan oeddem yn naw oed, i fynd ati i drefnu ffair ar yr un cae ym Mrynheulog er mwyn cefnogi cronfa leol i adeiladu Neuadd Goffa newydd ar sgwâr Tregaron. Fy nhad oedd cadeirydd Pwyllgor y Neuadd a bu Syr David James (Pantyfedwen) a'i briod ar sawl ymweliad â ni yn y Neuadd Wen yr adeg honno pan oedd fy nhad hefyd yn Ymddiriedolwr ar Gronfa Ymddiriedolaeth Pantyfedwen ac roedd yn awyddus i gefnogi'r gronfa yn Nhregaron. Gŵr o ardal y Bont (Pontrhydfendigaid) oedd Syr David a wnaeth ffortiwn yn rhedeg sinemâu yn y West End yn Llundain, ecsentrig arall oedd am rannu cyfran o'i gyfoeth yn ei hen ardal.

Sefydlodd eisteddfod fawr yn y Bont a chyflwynodd neuadd newydd, llyfrgell a phafiliwn enfawr i'r pentref. Gosododd amodau a olygai gysylltu enwau ei deulu a'i gartref Pantyfedwen â phob dim y byddai yn ei gefnogi. Ei duedd ef oedd mesur gwerth yn ôl maint. Bu'n hael wrth yr Urdd ar sawl achlysur gan gynnwys cyflwyno rhoddion megis gwesty anferth Pantyfedwen yn y Borth ('lock, stock but without the barrel') a chwpan pêl-droed Pantyfedwen oedd yn fwy o faint na chwpan yr FA. Un o'i benderfyniadau rhyfeddaf oedd cyflwyno'r crochan arian mwyaf yn y byd, 'Cwpan Teulu Pantyfedwen', i'r Sir uchaf ei marciau yn Eisteddfod yr Urdd. Cafodd y cwpan hwn barch aruthrol yn ystod blynyddoedd cyntaf ei fodolaeth a byddai'n cael ei warchod ar y maes gan nifer o blismyn neu gan gwmni diogelwch Securicor. Erbyn i mi gyrraedd y staff roedd newydd-deb y cwpan mawr wedi diflannu a bu'n banics gwyllt cyn rhyw Eisteddfod am na wyddai neb lle yn hollol roedd Cwpan Pantyfedwen yn cael ei storio. Daethpwyd o hyd iddo yn gwbwl ddiogel mewn tŷ bach yn seler Gwesty Pantyfedwen yn y Borth. Mae deunydd llyfr neu ddrama deledu yn stori bywyd Syr David ac mae digon o ddoniau ymhlith pobl y Bont i wneud tegwch â hynny.

Er cymaint yr argraff yr oedd Gŵyl Sir yr Urdd a'r profiad yn Eisteddfod Llanbed wedi ei adael arnaf, sefydlwyd cangen o'r sgowtiaid yn Nhregaron. Ymunais â nhw yn syth a byddwn yn wythnosol yn gwisgo fy lifrai *khaki* fel un o fois Robert Baden-Powell ac yn ei throi hi am y National School, sydd bellach yn Ganolfan y Barcud. George Bush, athro gwaith coed yr ysgol, oedd yr arweinydd ac roedd yn cael ei gynorthwyo gan Gareth Mathews, athro ifanc brwdfrydig yn yr Ysgol Uwchradd. Roedd y sgowtiaid yn cynnig antur i gryts ifanc. Yno byddem yn dysgu pob math o sgiliau syml megis gwneud clymau a choginio sosej a thatw ar dân coed yn yr awyr agored. Roedd ymweliad blynyddol i wersylla mewn pebyll mawr yn Llanfair Clydogau hefyd yn lot fawr o hwyl.

Un noson roeddwn wedi rhuthro o gyfarfod y sgowtiaid i gapel Bwlchgwynt ar gyfer ymarfer gwasanaeth y plant. Yno roedd Cassie Davies, Arolygwr Ysgolion a chenedlaetholwraig danbaid a chymydog i ni, yn hyfforddi'r plant. Cefais bregeth ganddi nes fy mod yn mestyn am i mi berthyn i'r fath fudiad a dweud y byddwn yn edrych yn llawer iawn gwell yng ngwisg yr Urdd. Roeddwn yn gynddeiriog â hi am ddweud y fath beth wrtha i a hynny o flaen criw niferus o'm ffrindiau. Byddai wedi bod yn gysur mawr i Cassie erbyn hyn wybod i nifer o aelodau criw'r sgowtiaid yn Nhregaron, flynyddoedd yn ddiweddarach, wneud cyfraniad sylweddol iawn i lwyddiant ei Phlaid, yn eu plith Keith Bush (Cyfarwyddwr Gwasanaethau Cyfreithiol y Cynulliad Cenedlaethol, erbyn hyn) a bu ef a'i briod yn ymgeiswyr etholiadol ar ran Plaid Cymru a Gareth Mathews a weithiodd yn frwd a di-baid am flynyddoedd dros dwf y Blaid yn Sir Gaerfyrddin.

Un o'r profiadau mwyaf cofiadwy ar ddiwedd fy nghyfnod yn Ysgol Gynradd Tregaron oedd cael treulio pythefnos yng Ngwersyll yr Urdd yn Llangrannog. Roedd Awdurdod Addysg Sir Aberteifi yn llogi'r gwersyll yn arbennig ar gyfer bechgyn y Sir, y cyfle cyntaf i lawer ohonom gael treulio cyfnod i ffwrdd a chysgu oddi cartref.

Roedd ein criw ni yn Awel y Môr A, un o'r hen gabanau pren to ffelt oedd yn ddwy res *semi detached* yn y gwersyll yn wynebu harddwch Bae Ceredigion. Caban, a phrin le i bedwar ynddo, oedd ein cartref am y cyfnod ac o agor y drws i fynd i mewn doedd dim ond lle i ddau fync. Mae arogl *Creosot* a *Jeyes fluid* yn dal yn fy ffroenau wrth feddwl amdano heddiw. Dim ond angenrheidiau sylfaenol bywyd oedd ar gael ar ein cyfer, ond bois bach am sbort. Dai Oliver, Prifathro Ysgol Llanafan, a Moc (John) Morgan, y pysgotwr byd-enwog o Dregaron, oedd yn gyfrifol amdanom ac er nad trefniant yr Urdd oedd hwn rwy'n siŵr i bopeth oedd yn digwydd yno ddod yn drwm o dan ddylanwad y mudiad.

Roedd yr ymweliad â Llangrannog yn dipyn o weledigaeth gan yr Adran Addysg am iddo'n paratoi i symud yn ddidramgwydd o ysgol fach i ysgol uwchradd rai misoedd wedyn. Byddai cymryd y cam hwnnw i'r ysgol fawr yn gallu bod yn brofiad trawmatig i ddisgyblion o ysgolion lleia'r sir. Wedi cyrraedd Ysgol Sir Tregaron roeddem yn griw o fechgyn yn adnabod ein gilydd ar ddechrau'r flwyddyn. Tra oeddem yn y gwersyll gallwn synhwyro cryn dipyn o wahaniaeth rhwng bois Aberystwyth a chryts y wlad. Roedd criw'r dre yn fwy hyderus a soffistigedig ac yn fwy Seisnig eu hagwedd na ni blant y wlad. Bu'n agoriad llygad i mi weld bod nifer ohonynt yn dioddef o hiraeth ambell noson wrth weld goleuadau Aber yn disgleirio ar y môr ac yn 'ariannu'r lli' dros Fae Ceredigion. Nhw wedyn oedd y babis yn ein plith a bu'n rhaid iddyn nhw ddysgu'r ffordd galed. Wedi'r cyfan mae disgwyl i bawb dyfu lan rywbryd.

TYFU'N GYMRO

Mewn llafur mae elw

'Mae'r Urdd mor fyw ag erioed yn Ysgol Uwchradd Tregaron. Bydd ymweliadau â'r gwersylloedd, teithiau di-ri, cymeryd rhan mewn chwaraeon a chystadlu yn yr eisteddfodau yn weithgareddau sy'n dal i ennyn cyffro a bwrlwm ac yn rhan hanfodol o'r calendr blynyddol.'

Rhiannon Lewis
Pennaeth Cynorthwyol Ysgol Uwchradd Tregaron

YN OGYSTAL Â MAGU hyder wrth i ni gychwyn yn Ysgol Sir Tregaron roedd y profiad o dreulio cyfnod hapus gyda'n gilydd yng Ngwersyll Llangrannog wedi golygu ein bod ni fel criw o ddisgyblion yn deall ein gilydd yn dda. Roeddwn wedi ymgyfarwyddo â ffugenwau llawer iawn o'r disgyblion, yn enwedig bois y Bont – John Meredith (Sac) – Radio Cymru nawr, Alun Jones (Nor), Gareth Huws (Gac) – tafarnwr y Mochyn Du nawr, Lewis Edwards (Bwtsh) ac roedd eraill fel Doc, Bigs, Pecs a Dias (Lyn Ebenezer, John Meurig, Non Evans a David Williams), ac mae 'na stori y tu ôl i bob enw, ond dydw i ddim yn cofio'r manylion. Cefais innau fy ailfedyddio yn Wyn Mel yn y cyfnod hwn ac yn ôl y sôn mae'r enw'n dal yn fyw. Bachigyn o fy enw llawn yw hwn wrth gwrs ac fe allai fod wedi bod tipyn yn waeth, er i mi gael fy ngalw'n sawl enw dros y blynyddoedd.

Bu cael y cyfle i ddod yn ffrindiau â chynifer o'r bechgyn o'r un flwyddyn yn help mawr ond roeddwn o dan un anfantais fawr. Roedd fy chwaer Rosalind wedi cychwyn yn yr ysgol bedair blynedd o fy mlaen i ac wedi disgleirio'n academaidd gymaint yn yr ysgol gynradd nes iddi gael cyfle i sefyll arholiad yr 11+ flwyddyn yn iau na'r gweddill ac wrth gwrs fe lwyddodd yn anrhydeddus. Roedd yn ddigon naturiol i'r athrawon dybio, felly, y byddwn innau hefyd o anian debyg, ond nid fel'na roedd hi. Prin oedd fy niddordeb i yn y gwersi academaidd a byddwn yn ei chael hi'n anodd canolbwyntio am fod llawer o bethau eraill ar fy meddwl. Llwyddais ar hyd yr amser yn yr ysgol i aros yn ffrwd A (gramadeg), ond dim ond o drwch blewyn. Er iddi fod yn gystadleuaeth ymhlith grŵp bach o'r disgyblion i fod ar frig y dosbarth fues i erioed yn awyddus i redeg yn y ras honno. Y Pwyliaid fyddai fel rheol yn mynd â hi, beth bynnag.

Fy athroniaeth i mewn bywyd ar hyd y blynyddoedd yw gwneud yn siŵr fy mod yn dal y bws, er nad oes rhaid i mi fod yn gyntaf ar y bws hwnnw, a cheisio gofalu fy mod i ar y bws iawn. Roedd fy mhrif ddiddordeb yn y gweithgareddau cymdeithasol a bod yng nghwmni rhai o gymeriadau lleol yr ardal, yn hen ac ifanc, ar sgwâr Tregaron. Trwy lwc, doedd gwneud ffrindiau ddim yn broblem er rhaid nodi mai prin iawn yw'r rhai sydd wedi aros yn yr ardal, ond diolch amdanyn nhw.

Ar ffarm Penlan yn Nhregaron y cefais i lawer iawn o'm gwir addysg. Yno, roedd dau frawd a chwaer, Dafydd, Jim a Deborah, yn ffermio ar ffarm laeth. Dafydd oedd y penteulu a bu'n gyfaill teyrngar a ffyddlon iawn am ddegawdau. Bu farw Jim yn gwbwl ddisymwth ac yntau wrth ei waith ar y fferm. Treuliodd Deborah gyfnod hir yn byw yn y gogledd yn rhedeg Gwesty'r Toronto ar bromenâd Llandudno, cyn dychwelyd adre i Benlan a chodi cartref newydd cysurus ar dir y fferm. Byddwn yn codi'n gynnar i fofyn y da godro a'u harwain i glos Penlan, helpu â'r godro cyn rhuthro i'r ysgol am y dydd ac wedyn dychwelyd i'r beudy i baratoi'r lle ar gyfer yr ail rownd o odro ar ddiwedd y dydd. Byddai nifer o gryts Tregaron yn ymgynnull ym Mhenlan, yn eu plith Richard Seaden, Aled Brynheulog, Meurig y banc, Gareth Werna a Ken Howells, ac roedd yno aelwyd gynnes, hwyliog a chroesawgar. Byddai'r sgwrsio yn aml yn datblygu'n drafodaeth am bob math o bynciau, yn cynnwys clecs yr ardal, ffermio, gwleidyddiaeth, crefydd, chwaraeon, yr economi, merched a phethau eraill sy'n ehangu gorwelion llanciau ifanc. Yn ogystal, byddai nifer o bobol eraill yn ymweld â Phenlan gan gynnwys y fet, tarw potel a'r lorri laeth. Byddai adeg y cynhaeaf yn dod â'i fwrlwm i Benlan a byddwn yno'n llwytho'r gwair a'r gwellt ac yn gyrru tractors. Byddwn, fel cydnabyddiaeth i'm llafur, yn cael bonws wrth gael benthyg fan Morris 1000 Dafydd i fynd i Aberaeron i garu. Cerbyd a ddefnyddiwyd yn aml i symud lloi oedd y fan fach werdd honno ac er cryfed yr ogle roedd yn werth y byd i mi. Byddwn yn aml yn teithio 'nôl a mlaen ar y ffordd droellog dros y Mynydd Bach yn fan Penlan.

Dafydd a roddodd y wers yrru gyntaf i mi a hynny mewn Hillman Minx ar brynhawn dydd Sul pan oedd am fynd i ymweld â chymydog iddo yn Ysbyty Bronglais yn Aberystwyth. Roedd popeth yn mynd yn dda wrth i ni adael Tregaron a hedfan heibio Tynreithin, Castell Fflemish, Tyncelyn a Bronant. Ond wrth gymryd y tro mawr ar sgwâr pentref Lledrod fe sylwais fod Dafydd yn cysgu'n sownd wrth fy ochr a bu'n rhaid i mi ei ddeffro wrth i ni gyrraedd gwaelod rhiw Penglais yn Aberystwyth. Dyna i chi wers ardderchog oedd honna – dysgu trwy brofiad, ond cofiwch roedd gennyf y fantais o fod wedi gyrru sawl cerbyd ar draws caeau Penlan sbel go lew cyn i mi ddathlu fy mhen-blwydd yn ddwy ar bymtheg mlwydd oed.

Dyn annwyl a phwyllog oedd Dafydd. Dim ond unwaith erioed y gwelais i e'n rhedeg ac roedd hynny ar achlysur pan oedd buwch yn cael trafferth dod â llo. Yn wir, cafodd ei stopio un noson ar awr annaearol gan yr heddlu yn Aberystwyth am ei fod yn teithio mor araf. Er mor hamddenol ei symudiadau roedd ganddo feddwl chwim a byddai'n darllen y papurau trymion ac yn danysgrifiwr i gylchgronau sylweddol megis yr *Economist*. Roedd yn enghraifft o'i genhedlaeth ac un o amryw a aeth drwy'r rhwyd am nad oedd y systemau addysg na chymdeithas y cyfnod yn canfod gallu cynhenid mewn unigolion ac o ganlyniad prin yr aent y tu hwnt i yrfa amlwg adre ar y fferm.

Cofiaf fy nhad yn sôn i Dafydd ymateb yn anfoddog ac mewn ofn pan ofynnodd iddo unwaith gymryd rhan yn gyhoeddus mewn gwasanaeth pobol ifanc yn y capel ac iddo geisio lliniaru rywfaint ar ofnau Dafydd trwy ddweud wrtho y byddai ond yn gofyn iddo gyhoeddi emyn yn y gwasanaeth pe bai amser yn caniatáu. Ar noson y gwasanaeth, pan gyrhaeddodd y gweinidog y festri ychydig yn gynt na'r arfer, roedd Dafydd yn sefyll ar ben stôl yn symud bysedd y cloc yn eu blaen er mwyn sicrhau y byddai'n osgoi'r fath artaith. Roedd Dafydd yn dal i gofio'r digwyddiad yn iawn hanner can mlynedd yn ddiweddarach a'r ddau ohonom yn chwerthin yn braf wrth hel atgofion.

Roedd bywyd Ysgol Sir Tregaron yn cael ei reoli gan y calendr amaethyddol ac o mor addas yw arwyddair yr ysgol, 'Mewn llafur mae elw'. Byddai'n hwyl bob gaeaf pan na fyddai modd i fysys bach y wlad gyrraedd yr ysgol oherwydd yr eira. Roedd ein cenhedlaeth ni'n pontio rhwng dau brifathro, y Prifardd D Lloyd Jenkins, un o fechgyn disglair a diwylliedig yr ardal, a Glyn Evans, awdur a chenedlaetholwr pybyr oedd â'i wreiddiau yn Sir Gaerfyrddin. Dau wahanol iawn, ond yn rhannu'r un weledigaeth o addysgu plant ardal Tregaron ar sylfaen gadarn o ddiwylliant Cymreig. Mae parch mawr iawn i addysg yng Ngheredigion.

Yn ystod y blynyddoedd cyntaf yn yr ysgol uwchradd cefais fy hudo gan gerddoriaeth roc a rôl a byddwn bob nos yn ddieithriad yn cael fy swyno wrth wrando ar *Radio Luxembourg*. Mae'n siŵr i hyn ddargyfeirio fy meddwl oddi wrth waith yr ysgol. Dyna oedd yn mynd â fy mryd yn y cyfnod hwn ac roeddwn yn hyddysg iawn yn y caneuon diweddaraf. Roeddwn yn gyfarwydd â lleisiau Sam Costa, Pete Murray ac Alan Freeman, a Horace Bachelor y 'dewin' a honnai fod ganddo'r gyfrinach i sicrhau llwyddiant i bawb ar y pyllau pêl-droed.

Sêr mawr y cyfnod oedd Elvis Presley, Buddy Holly, Billy Fury a Cliff Richard ond Adam Faith oedd fy arwr

i. Gwyddwn bopeth oedd yn werth ei wybod amdano a chymaint oedd fy niddordeb ynddo nes i mi ddod yn gynrychiolydd Cymru i Fan Club Swyddogol Adam Faith a chyfrannu i gylchlythyr ei glwb o ddilynwyr. Mi dorrais fy ngwallt hyd yn oed er mwyn ceisio edrych yn debyg iddo. Chefais i erioed y cyfle i'w gyfarfod ond erbyn hyn tybiaf fod hynny'n beth da rhag chwalu'r hud sydd y tu ôl i apêl pob arwr. Darllenais rai blynyddoedd yn ôl fod Adam Faith wedi mynd trwy gyfnodau digon anodd yn ariannol a bod ganddo, ar un adeg, gar Rolls Royce y tu fas i'r tŷ ond yn methu fforddio rhoi petrol ynddo. Gallwn gydymdeimlo ag ef er na wnes i erioed fod yn berchen car o'r fath safon, gan i minnau fod mewn sefyllfa rywbeth yn debyg fwy nag unwaith. Un dydd ar y Maes yng Nghaernarfon, 'nôl ar ddiwedd yr wythdegau, fe gerddais gylch llawn y Castell mewn tipyn o dywyllwch wrth geisio dyfeisio dulliau i dalu am rai angenrheidiau bywyd ar y pryd. Dyna yw'r sialens o fod mewn busnes. Ond, wrth sefyll wrth ddrws y Palladium yn Llundain yn yr union fan y tynnwyd llun o fy arwr i'r *NME*, teimlais falchder mawr. Cofiaf dderbyn traethawd yn ôl yn yr ysgol wedi ei farcio yn bur isel â'r sylw '... dim ffydd yn Adam Faith...'

Clywais ar y radio yn ddiweddar fod efaill gan Elvis o'r enw Caron, a fu farw ar ei enedigaeth. Byddai profi iddo gael ei enw ar sail cysylltiad â Thregaron yn gyfle i sawl Cardi wneud ei ffortiwn. Yn ystod y cyfnod hwn hefyd roeddwn i a nghyfaill Richard Seaden wedi rhoi cychwyn ar fand yn canu caneuon adnabyddus Buddy Holly ac eraill ynghyd ag ambell gân Gymraeg.

Byddwn yn gwneud cam â mi fy hun ac â'r ysgol pe byddwn yn dweud fy mod yn casáu pob agwedd o'r gwersi. Roedd yna eithriadau ac mae'r diolch am hynny i'w briodoli i ddau athro'n benodol. Byddwn wrth fy modd yn mynychu'r gwersi daearyddiaeth. Roedd Gareth Mathews yn athro ifanc brwdfrydig iawn ac rown yn ei adnabod gan iddo arwain y gangen leol o'r Sgowtiaid pan oeddwn yn yr ysgol fach. Mab y Mans oedd Gareth hefyd, a gallwn uniaethu ag ef, ond hefyd roedd ei wersi'n ddifyr ac yn gryn hwyl. Roedd ganddo hiwmor unigryw a byddai'n defnyddio jôcs er mwyn i ni gofio prif negeseuon y wers a gallai gyflwyno'r wybodaeth fwyaf diflas mewn ffordd ddiddorol. Yn ystod y cyfnod hwn roedd yn ansicr ei Gymraeg ond fe wnaeth y cyfnod a dreuliodd yn Nhregaron atgyfnerthu ei Gymreictod a gwnaeth gyfraniad mawr i hybu popeth Cymraeg am flynyddoedd wedyn. Profiad chwithig iawn i mi oedd bod yn ei angladd yn y Tabernacl yng Nghaerfyrddin beth amser yn ôl wedi iddo ddioddef cyfnod hir o salwch.

Pan oeddwn yn y chweched dosbarth penderfynais ddilyn cwrs Daearyddiaeth ar gyfer Lefel A a fi oedd yr unig ddisgybl yn nosbarth Gareth Mathews. Treuliwyd rhan helaethaf y gwersi yn trefnu trip Côr yr Ysgol i Ddenmarc. Prin iawn oedd teithiau o'r fath yn y cyfnod hwnnw ac roedd Gareth wastad o flaen ei amser. Bu'r daith yn llwyddiant mawr – côr o ferched ysgol a rhyw hanner dwsin o fechgyn (y bechgyn mwyaf golygus yn yr ysgol!) yno i gario a symud y props, neu o leia dyna'r cyfiawnhad. Daeth Elinor Bennet gyda ni fel un o sêr ifanc addawol Cymru ar y pryd – Elinor Wigley erbyn hyn wrth gwrs.

Os na wnes i berfformio'n dda yn yr arholiad, roedd Gareth wedi rhoi'r brentisiaeth orau posibl i mi ar gyfer yr hyn a ddatblygodd yn yrfa i mi wedyn. Yn ystod yr arhosiad yn Copenhagen derbyniais alwad ffôn o adref i ddweud fy mod wedi llwyddo i gael marc reit dda yn fy arholiad Celf Lefel A. Doeddwn i ddim eto wedi trefnu i ba goleg y byddwn yn mynd ym mis Medi. Roedd llawer o'r diolch am fy llwyddiant yn y pwnc ac yn yr arholiad yn ddyledus i fy athro Celf yn ysgol Tregaron. Roedd gennyf y parch mwyaf tuag at Ogwyn Davies ac roedd yn artist o safon. Y fe oedd fy athro Celf trwy gydol fy nghyfnod yn yr ysgol ac roedd ganddo'r ddawn i'n hysbrydoli ni'r disgyblion. Mae gennyf lun o'i waith o'r cyfnod hwnnw a gefais ganddo am roi tipyn o ymdrech ar brosiect celf yn ystod gwyliau'r Pasg y flwyddyn gyntaf yn y chweched. Rhoddodd gyfle i ni hefyd fynd i weld gweithiau gwreiddiol artistiaid o fri a'n dysgu i werthfawrogi gwir gelfyddyd. Roedd Ogwyn yn edrych fel artist; roedd ei wisg a'i osgo'n greadigol ac yn wahanol rywsut, a byddai'n smocio baco Three Nuns yn ei bibell. Cefnogaeth a diddordeb Ogwyn Davies yn ddios a wnaeth i mi ddewis mynd i Goleg Celf Abertawe am flwyddyn i ddilyn Cwrs Pre-Diploma mewn celfyddyd gain ym 1965.

Roeddwn hefyd yn astudio Cymraeg yn y chweched dosbarth lle'r oedd yna griw ardderchog o ffrindiau. John Roderick Rees, y bardd gwlad o Benuwch, oedd athro Cymraeg yr Ysgol ar y pryd, un a oedd yn ei anian ym myd y cobiau Cymreig a gŵr â stamp y mawndir a thir caregog y Mynydd Bach yn ei wead. Gŵr annibynnol iawn oedd Jac Rees ac yn ôl ei gyfaddefiad ei hun roedd yn hapusach yn ymhél â gwaith y tyddyn yn hytrach na bod yn y stafell ddosbarth ond, serch hynny, fe ysbrydolodd sawl cenhedlaeth o ddisgyblion Tregaron i werthfawrogi gweithiau ein beirdd a'n llenorion.

Roedd traddodiad o ganu yn ysgol Tregaron ers blynyddoedd ac roedd Ethel Jones, yr athrawes gerdd, wedi gweithio'n egnïol i ddatblygu'r côr i safon uchel. Mi ddisgleiriodd y côr mewn eisteddfodau a chyngherddau a daeth hynny ag enw da i'r ysgol. Mae Rhiannon Lewis yn parhau'r traddodiad cerddorol yno heddiw ac fel un o

Ymddiriedolwyr yr Urdd mae hithau'n frwd a chefnogol iawn i waith y mudiad.

Yn ystod y cyfnod hwn roedd y côr yn flaenllaw yng nghystadlaethau'r Urdd a byddai disgyblion ysgol Tregaron bron yn ddieithriad yn cyrraedd y brig yn yr Eisteddfod Sir ac yn ymwelwyr cyson â llwyfan Eisteddfod Genedlaethol yr Urdd. Er nad oeddwn yn ganwr o fri cefais i'r cyfle i fod yn aelod o barti bechgyn fwy nag unwaith a chofiaf yn dda am gystadlu yn Eisteddfod Aberdâr a hefyd ym Mhorthmadog. Yn y cyfnod hwnnw byddem yn lletya mewn cartrefi yn nalgylch yr Eisteddfod a chymaint oedd dylanwad y profiad hwnnw, fel y gallaf hyd yn oed heddiw gau fy llygaid ac ail-fyw'r ymweliade. Gallaf hyd yn oed weld y patrwm ar y papur wal yn ystafelloedd gwely'r cartrefi a roddodd lety i ni yn yr eisteddfodau hyn. Mae'n adlewyrchiad trist o gyflwr cymdeithas Cymru heddiw nad yw'r arfer hwn o letya mewn cartrefi yn dderbyniol i'r awdurdodau nac i rai rhieni bellach.

Cystadlu mewn Eisteddfod oedd hyd a lled profiad yr Urdd i'r rhelyw o ddisgyblion ysgol Tregaron. Roedd RE wedi dweud wrthyf droeon am y cyfleoedd oedd i'w cael yng Nglan-llyn ac y byddwn yn siŵr o fwynhau'r profiad o fod yno. A minnau yn 15 oed penderfynais roi cynnig arni a mynd ar fy mhen fy hun, drwy ddal bws yn Aber a theithio ar hyd y ffyrdd troellog i lan Llyn Tegid. Cefais amser fy mywyd yno a chyfle i ddod i nabod bechgyn a merched ifanc o anian debyg i mi o bob cwr o Gymru. Roedd y profiad yn well nag roeddwn erioed wedi ei freuddwydio ac mae llawer o'r criw oedd yno wedi bod yn gydnabod personol a phroffesiynol ers hynny. Doeddwn i ddim wedi chwerthin cymaint erioed na chwaith wedi llawn sylweddoli gymaint o sbort oedd bod yn aelod o'r Urdd. Chlywais i erioed gymaint o ganu a welais i erioed gymaint o ferched pert gyda'i gilydd yn unman arall. Ar ddiwedd pob wythnos a ninnau'n gorfod ymadael doedd fawr neb o'r gwersyllwyr eisiau mynd adre. Wedi dychwelyd adre roedd gen i lot fawr i'w ddweud a sawl stori i'w hadrodd wrth fois Tregaron. Fuodd hi ddim yn waith anodd i ddwyn perswâd ar eraill i ymuno â fi'r flwyddyn ganlynol.

Yn ystod y cyfnod hwn hefyd ac yn sgil buddugoliaeth hanesyddol Gwynfor Evans yn isetholiad Caerfyrddin yn 1966 roeddwn wedi cychwyn cangen ieuenctid y Blaid yn Nhregaron a thyfodd yr aelodaeth i dros 100. Roedd yn un o ganghennau ieuenctid cryfaf Cymru. Cofiaf i Gwynfor ei hun ddweud wrthyf mor falch roedd e o lwyddiant y gangen gan ei ddisgrifio fel 'datblygiad arwyddocaol a chwa o awel iach i Dregaron'.

'Ewch chi ddim yn bell heb ddim ond Cwmrâg' oedd sylw ambell broffwyd gwae yn Nhregaron fy mhlentyndod. Eneidiau prin iawn oedd y cenedlaetholwyr yn Nhregaron yn y cyfnod hwnnw a byddent yn cael eu beirniadu'n gyson gan yr hen Dregaroniaid am fod yn eithafol. Ond un o arloeswyr y cyfnod hwnnw oedd Cassie Davies, addysgwraig amlwg a gwraig gadarn a di-syfl, a ffrind i fy nhad a'm mam. Roedd Cassie yn gyfaill personol i Gwynfor ac er ei bod hi wedi bod yng nghanol y frwydr ers degawdau ni fu modd iddi fynd i Lundain i groesawu Gwynfor i'r Senedd oherwydd cyfrifoldebau teuluol. Mynnodd ei bod hi'n talu'r costau i mi a fy ffrind Marwin i fynd i San Steffan i gynrychioli pobl Tregaron. Rwy'n ddiolchgar i Cassie ac rwy'n siŵr bod Marwin yn cytuno, am roi'r cyfle i ni fod yn dystion i garreg filltir gwir arwyddocaol ym mywyd gwleidyddol Cymru.

Roedd teulu Marwin yn gymdogion i ni. Un o blant Tregaron oedd Ifan Jones y tad ond roedd ei briod, fel fy mam innau, yn hanu o gymoedd y de ac roedd ganddyn nhw hefyd dri o fechgyn. Roedd John, sy'n adnabyddus fel un o brif sylwebwyr chwaraeon BBC Cymru, yn yr ysgol yn yr un flwyddyn â fy chwaer Rosalind. Mynd i'r banc wnaeth Dai Ian a bu'n arbennig o gydweithredol yn nyddiau cynnar cwmni Golwg pan oedd yn rheolwr yn Llanbed gan hwyluso holl gymhlethdodau systemau tanysgrifio'r cylchgrawn. Cyrhaeddodd Lewis brif swydd Giro Bank ym Mhrydain a bu'n Gyfarwyddwr Gweithredol yr Alliance and Leicester. Er iddo ef, a'i briod Sian, orfod byw yng ngogledd a de-ddwyrain Lloegr am y rhan fwyaf o'i yrfa fe gadwodd gysylltiad agos â Chymru a llwyddo i fagu'r teulu yn Gymry Cymraeg rhugl – camp fawr nas cyflawnwyd gan lawer o blant alltud Tregaron. Bu Marwin am flynyddoedd yn athrawes ddrama weithgar yn ysgol Tregib, Llandeilo, cyn penderfynu, ar ei hymddeoliad, ddychwelyd i Dregaron i fyw. Roedd y teulu yn gefnogol ac yn weithgar yn yr Urdd ac mae'r stamp hynny ar eu personoliaethau hyd heddiw.

Rwy'n ystyried bod pobol Tregaron o frîd arbennig ac er cymaint y golwg sydd gennyf ar y Tregaroniaid doedd gen i fawr o barch at eu gwleidyddiaeth yn ystod y cyfnod hwnnw. Mae Tregaron fel llawer i fan arall wedi newid erbyn hyn o safbwynt y cyd-destun gwleidyddol, a diolch am hynny. Yr adeg honno roedd yr ardal yn gaer o hen Ryddfrydiaeth a hwnnw'n Brydeinig iawn ei naws oedd yn glynu'n slafaidd at ryw oes oedd wedi hen ddarfod. Er bod Lloyd George wedi marw yn 1945 roedd yn dal yn fyw iddyn nhw ac yn arwr, ond ni wnaeth hanesion ei antics rhywiol rhyfeddol gyrraedd colofnau'r *Welsh Gazzette* na'r *Cambrian News*. I mi, doedd y math yna o wleidyddiaeth yn cyfrannu dim at yr hyder newydd oedd yn dechrau egino ymhlith llawer o Gymry ifanc y cyfnod ac roedd gwerthoedd eu gwleidyddiaeth yn gwbwl groes i'r teimlad roeddwn wedi ei brofi yng Nglan-llyn. Rhaid derbyn bod effaith y ddau ryfel byd a'r ffaith bod cynifer o bobol ifanc yr ardal wedi mynd i Lundain i werthu llaeth wedi cael dylanwad drwy roi stamp a gogwydd Prydeinig ar safonau'r cyfnod. Ar y llaw arall roedd rhyw deimlad yn berwi ynof fi bod angen i ni fyw'n Cymreictod ac y dylai hwnnw fod yn rhywbeth i ni fod yn wirioneddol falch ohono a gwneud yn fawr ohono.

Yn wleidyddol, Roderick Bowen oedd wedi cynrychioli Sir Aberteifi yn y senedd yn San Steffan ers achau ac ef oedd arwr y fro ond cafwyd daeargryn gwleidyddol pan lwyddodd Elystan Morgan i ennill y sedd yn enw Llafur. Sioc arall oedd canlyniad etholiad yn 1974 pan gafodd yntau wedyn ei ddisodli gan y ffermwr a'r Rhyddfrydwr Geraint Howells a gadwodd y sedd am 18 mlynedd ac a weithiodd yn ddygn i roi delwedd fwy Cymreig i'w blaid. Mae gwleidyddiaeth Ceredigion yn wahanol ei natur i lawer ardal arall yng Nghymru. Mae'r Cardi yn teimlo fwyaf cysurus pan mae'r etholaeth yn gallu uniaethu â phersonoliaethau mawr fel y gwelir heddiw yn y balchder a deimlir yn llwyddiant Elin Jones AC. Ni ellir erbyn hyn amau Cymreictod Elystan (yr Arglwydd Elystan bellach) na'r diweddar Geraint a bu'r ddau'n gwbwl allweddol yn y broses o sicrhau mwy o ymreolaeth i Gymru a bu diogelu'r Gymraeg yn uchel yn eu blaenoriaethau. Bu'r ddau hefyd yn gefnogol iawn i mi yn fy ngwaith gwleidyddol a bob amser yn barod iawn i gynorthwyo ac i gydweithredu pan fyddwn yn trefnu digwyddiad neu'n hyrwyddo rhyw achos yn Nhŷ'r Arglwyddi. Un arall o gewri gwleidyddiaeth Ceredigion ac un na all neb amau dyfnder ei argyhoeddiad na'i weledigaeth yw Cynog Dafis a hawliodd y sedd oddi wrth Geraint Howells yn enw Plaid Cymru wedi blynyddoedd o ymgyrchu cyn ennill ei fuddugoliaeth.

Y mae i wleidyddiaeth ei apêl i mi am y rheswm

amlwg mai ateb gwleidyddol yw'r allwedd i lawer iawn o broblemau Cymru. Ond, mae angen gweithio ar sawl lefel ac mae'r llwybr anwleidyddol trwy fudiad cenedlaethol mawr fel yr Urdd yn agor drysau i gyflawni llawer iawn dros Gymru. Mae mwy nag un ffordd o gael Wil i'w wely. Mewn carnifal ar sgwâr Tregaron yn 1965 fe lwyddais i ennill y wobr gyntaf am wisgo fel Brewer-Spinks, y Sais a fu'n rheolwr ar ffatri yn Nhanygrisiau ym Meirionnydd ac a ddaeth yn enwog ar y pryd yn sgil ei benderfyniad, un dydd, i lunio rheol newydd mai dim ond Saesneg roedd ei weithwyr i'w siarad yn y gwaith. Byddai torri'r rheol honno'n golygu sac yn y man a'r lle. Wedi iddo godi gwrychyn y gymuned leol a chenedl gyfan, roedd wedi ei heglu hi oddi yno ymhen rhai wythnosau. Cefais fenthyg siwt pinstreip a briff cês 'y nhad ynghyd â *bowler hat*, y 'Welsh Not' yn hongian oddi ar fy ngwddf a'r geiriau 'Not Welsh' ar fy nghefn. Nhad oedd bia'r syniad ond fi gafodd gadw'r chweugain o wobr.

Byddwn yn aml yn trafod syniadau gyda Nhad ac fel ugeiniau o bobol Tregaron, byddwn yn ymddiried ynddo ac yn gyson yn elwa o'i gyngor ar bob math o bynciau. Roedd ei farn bob amser yn gytbwys a chadarn. Fe weithiodd yn ddiflino dros ei bobol ac yn wir fe wnaeth lawer gormod dros ei ofalaeth a thros weinyddiaeth yr Hen Gorff a'i holl bwyllgorau llethol a llafurus. Bu ei farw annisgwyl yn 67 oed ar brynhawn Sul ym mis Awst 1972, ar ben-blwydd cyntaf ein priodas, yn ergyd fawr i ni. Roedd wedi bod yn cynnal oedfa yn Abermeurig yn Nyffryn Aeron a bu ei ddiwedd mor ddirybudd. Er fy mod i erbyn hynny'n 25 oed doeddwn i ddim yn barod i wynebu'r fath brofedigaeth a theimlais ar chwâl am fisoedd wedyn gan fy mod wedi colli'r un a fu'n gefn i mi, un y gallwn droi ato am farn ac adwaith i syniadau.

Yn dilyn colli fy nhad fe symudodd Mam o'r Mans

yn Nhregaron i fwthyn yn Llandre, sef Tyddyn Llwyn, bwthyn roeddent wedi ei brynu ar gyfer eu hymddeoliad. Llwyddodd hi i greu bywyd newydd yno, a dyma ddechrau ein perthynas hir fel teulu â'r pentre hyfryd hwn yng ngogledd Ceredigion. Roedd gen i gof plentyn o Tyddyn Llwyn wedi i mi alw yn y bwthyn flynyddoedd lawer cyn hynny i ymweld â ffrindiau i'm rhieni o'r Alban oedd yno ar wyliau ac roedd nodweddion hynafol y lle wedi aros yn bictiwr yn ffrâm fy nghof. O fewn ychydig flynyddoedd wedi i Mam symud yno penderfynodd Linda a finne adeiladu ein cartref ninnau ym mherllan Tyddyn Llwyn.

Nodwedd arbennig o Dregaron y cyfnod pan oeddwn yn yr Ysgol Sir oedd mai mater i ni oedd sicrhau bod rhywbeth yn digwydd yno. Roedd yr adnoddau'n ddigon prin a'r gymdeithas yn ynysig ond roedd yn magu rhyw ymdeimlad o annibyniaeth ac yn plannu'r egin ynom i wneud pethau drosom ni ein hunain. Dros y blynyddoedd rwyf wedi taro ar draws pobol o Dregaron sydd wedi cyrraedd y swyddi uchaf, ond fel arfer nid yn Nhregaron. Maen nhw'n ddieithriad, fel rwy i, yn falch o'u magwraeth yn y dre fach wledig hon.

Yn ystod fy nghyfnod yn yr Ysgol Sir y digwyddodd y garreg filltir bwysicaf yn fy mywyd. A minnau amser hynny yn yr oed tyner o 16 penderfynodd Prif Gwnstabl Heddlu Dyfed Powys symud y Rhingyll Jack Rees o Gaerfyrddin i fod yn gyfrifol am gyfraith a threfn yn Nhregaron. Symudodd y teulu cyfan i Dŷ'r Heddlu gyferbyn â Chapel Bwlchgwynt a chofiaf o'r foment gyntaf i mi weld Linda yn ysgol Tregaron i'w llygaid glas pefriog ddal fy sylw, ac ni fu dim byd yr un fath wedi hynny. Doedd dim edrych yn ôl ac roedd y dyfodol yn ddisglair.

O fewn rhai blynyddoedd adleolwyd y teulu i Swyddfa'r Heddlu yn Aberaeron ac yno y sefydlodd fy nhad-yng-nghyfraith y cystadlaethau rygbi'r 'Sevens' enwog sy'n ornest safonol i glybiau o bob rhan o'r wlad i gystadlu ynddi. Mae Alun, fy mrawd-yng-nghyfraith, wedi parhau cysylltiad y teulu â'r byd rygbi yn Aberaeron.

Er mai Cardi o Dregaron ydw i, ym Maesteg y ganed fy chwaer Rosalind. Yno aeth fy nhad yn syth o'r coleg i fod yn weinidog ar gapel Tabor, sy'n adnabyddus gan mai yno y canwyd 'Hen Wlad fy Nhadau' am y tro cyntaf erioed. Yno hefyd yn y capel y daliodd yntau lygaid fy mam yn ferch ifanc drwsiadus o smart yn y gynulleidfa a hithau'n fyfyrwraig Gwyddor Cartref yng Nghaerloyw. Roedd Mam yn gwybod sut roedd gwisgo i greu argraff! Yn ddiweddarach priododd y ddau yng nghapel Tabor a'r enwog Barchedig Phillip Jones yn gweinyddu'r briodas.

I Faesteg y byddem yn mynd fel teulu ar ein gwyliau blynyddol i aros gyda Mam-gu ac roedd y daith droellog dros y Mynydd Du i gymoedd diwydiannol y de yn antur y byddwn yn edrych ymlaen ati am wythnosau. Byddwn wedi hoffi cael cyfle i adnabod fy nhad-cu ond bu farw ychydig cyn i mi gael fy ngeni. Un o ardal y Mynydd Bach yng Ngheredigion oedd e ac wedi iddo fwrw prentisiaeth i fod yn saer coed aeth i gymoedd y de i chwilio am waith. Sefydlodd fusnes adeiladu llwyddiannus ym Maesteg a bu'n cyflogi criw mawr o weithwyr. Mae gennyf bictiwr ohono yn fy meddwl sy'n rhoi'r syniad i mi ein bod o anian debyg ond cha i fyth mo'r cyfle hwnnw i wybod a oedd hynny'n ffaith. Mae fy nhad-cu a'm mam-gu wedi eu claddu ym mynwent Llangynwyd yn yr Hen Blwyf.

Etifeddwyd y busnes gan fy ewythr Dilwyn a'i briod Maureen a newidiodd y ffyrm adeiladu i fod yn siop nwyddau ar gyfer y cartref ac roeddent hefyd yn gweithredu fel ymgymerwyr angladdau. Byddwn yn treulio fy ngwyliau'n helpu yn y busnes ac un gwaith a wnawn fyddai leinio y tu mewn i goffinau. Y fi fyddai'n gosod y deunydd sidan trwchus gwyn ymhob coffin a byddwn yn defnyddio ugeiniau o hoelion pres i sicrhau bod y leinin yn cael ei gadw'n daclus yn ei le, yn rhwbio polish i mewn i'r pren ac yn gosod y plât arian gydag enw'r ymadawedig ar glawr y coffin. Byddwn yn teimlo balchder wrth wneud y gwaith hwn ac yn sicrhau bod fy ngwaith yn cyrraedd y safon iawn. Bob tro y byddwn ym Maesteg byddai yna alw am goffin newydd a byddai'r gwyliau'n hedfan a fawr o amser i fynd i lan y môr yn Ogwr neu i'r ffair yn Coney Beach ym Mhorthcawl.

Er pob ymdrech i geisio cadw Cymreictod y cartref yn Salisbury Road, Saesneg oedd yr iaith gyffredin rhwng fy mam a'i dau frawd, Ieuan a Dil, ond bu'n syndod i mi fod Dil wedi cadw'r iaith yn ddigon gloyw a hynny drwy siarad Cymraeg bob dydd â Don y ci. Roedd yn drawiadol yn angladd Dil yng nghapel Trinity, Nantyffyllon, gymaint yn fwy eneiniedig oedd y canu ar yr emynau Cymraeg mewn cynulleidfa o ddynion yn unig fel sy'n arferol mewn angladdau'r cymoedd a'r rhan fwyaf ohonynt yn ddi-Gymraeg. Mae Cymreictod y teulu bellach wedi adennill y tir a gollwyd gan i wyrion Ieuan a gor-wyrion Dilwyn gael eu haddysgu trwy gyfrwng y Gymraeg yn ysgolion Cymraeg Gwent a Maesteg.

Ym Maesteg hefyd y mae fy nghof cyntaf o fynychu gweithgaredd yr Urdd yng nghwmni fy rhieni pan gynhaliwyd Eisteddfod Genedlaethol yr Urdd yn y dre ym 1954 a pharti dawns Aelwyd Tregaron yn cystadlu ar y llwyfan. Bûm mewn sawl eisteddfod dros y blynyddoedd wedi hynny gan gynnwys Eisteddfod Tir Iarll a gynhaliwyd ar barc y dre ym Maesteg ym 1979, eisteddfod a fu'n garreg filltir bwysig i mi ac ar derfyn y brifwyl honno y dechreuais ar drywydd newydd yn fy mywyd.

CELFYDDYD A CHYMDEITHASU

A thipyn bach o ddrama

Coleg y Drindod

Hen bair fu gynt yn berwi – o'r bwrlwm
Rhyw berlau sy'n cronni;
O'i dragwyddol, hudol li
Y doniau sy'n dadeni.

Penri Tanat, Cofiadur yr Orsedd ac
un o sylfaenwyr Cwmni Theatr Ieuenctid Maldwyn

M AE MYFYRWYR CELF WEDI dioddef ar gam. Yr argraff gyffredinol ohonynt yw eu bod yn ddiog, yn freuddwydiol, yn anghonfensiynol ac yn wir yn greaduriaid digon od. Nid dyna oedd fy mhrofiad i yng Ngholeg Celf Abertawe.

O safbwynt y myfyrwyr roedd y cwrs yn gofyn am gryn ymroddiad a'r darlithiau a'r seminarau yn para tan 8 neu 9 o'r gloch yr hwyr, bedair gwaith yr wythnos. Byddai pob diwrnod yn cychwyn wrth i ni gael dwy awr o 'Life Drawing'. Roedd gennym dair model yn gweithio ar rota a phob un ohonynt yn wahanol o ran corpws. Profiad reit ysgytwol i grwt o Dregaron anghydffurfiol, oedd cael model yn borcyn yn sefyll yn gwbwl lonydd a noeth dim ond rhyw boerad oddi wrtha i. Ond fel gyda phopeth arall mae dyn yn dod i arfer. Roedd y pwyslais ar ddatblygu sgiliau mewn sesiynau ymarferol ond roedd Seicoleg a Hanes Celfyddyd hefyd yn rhan greiddiol o'r cwrs.

Y fi a merch o ardal Aberdâr oedd yr unig Gymry Cymraeg mewn criw o ryw ddeg ar hugain o fyfyrwyr ac fe ddes i ar draws myfyrwyr o Fro Gŵyr nad oeddent yn gwybod am fodolaeth y Gymraeg. Er mawr syndod i mi, cefais y marc uchaf yn y grŵp am ysgrifennu traethawd Saesneg. Roedd y criw yn fach o ran nifer ac felly roedd bywyd y coleg yn un cymdeithasol iawn a llawer o bartïon, barbiciws, ambell drip i draethau euraid Bro Gŵyr ac roedd mynd mawr ar ganu gwerin mewn clwb yn Wind Street Abertawe. Yn ystod y trydydd tymor roeddem fel criw yn gweithio ar gywaith a phen draw'r prosiect oedd cyflwyno ffilm greadigol. Wedi dyddiau o ffilmio yng nghastell Pennard penderfynodd awdurdodau'r coleg sensro'r hyn a feddyliem ni oedd yn gampwaith am fod rhai o'r golygfeydd yn rhy fentrus.

Ar y cyfan roedd y darlithwyr yn griw digon cymysg

ac fel y byddech yn disgwyl roeddent yn ddieithriad yn bobol greadigol iawn. Yn eu plith roedd Tim Lewis, arbenigwr ar ffenestri lliw a Chymro Cymraeg o Gwm Tawe a ddaeth yn gyfaill da i mi yn ystod y cyfnod. Roedd Tim yn parhau'r traddodiad hir o gelfyddyd mewn gwydr yng Ngholeg Abertawe ond roeddwn i'n canolbwyntio'n bennaf ar baentio a cherflunio.

Roedd mynd i Abertawe yn newid byd i mi. Penderfyniad ar y funud olaf oedd mynd yno yn sgil canlyniadau Lefel A ac yn dilyn cyfweliad daeth llythyr yn fuan wedyn yn fy ngwahodd i ymuno â'r cwrs Celf. Roedd angen dod o hyd i lety a hynny ar frys. Daeth fy nhad o hyd i le trwy ei gysylltiadau â'r Hen Gorff yn ardal Abertawe ac roedd yn golygu llawer iddo fy mod yn cael aros yng nghartref un o bregethwyr mawr y Cyfundeb yn ystod hanner cyntaf y ganrif ddiwethaf, ond ofnaf fod dylanwad yr 'hoelen wyth' honno wedi hen ddiflannu o'r lle erbyn i mi gyrraedd. Roedd llond lle o fyfyrwyr yn aros yno a digon di-raen bellach oedd pob agwedd ar yr hen gartref. Un o'r anawsterau mwyaf oedd bod yn rhaid mynd trwy ystafell wely gwraig y tŷ – a oedd yn rhannu gwely gyda'i merch ifanc yn ei harddegau – er mwyn cyrraedd yr ystafell ymolchi. Roedd y ddwy'n cael cryn anhawster i godi yn y bore felly roedd hi'n aml yn haws peidio ag ymolchi.

Yn ystod yr ail dymor symudais i fyw at hen fodryb i'r teulu yn ardal yr Uplands ond profodd hynny'n ormod o gaethiwed. Roedd y tymor olaf yn wahanol iawn. Roeddwn erbyn hynny'n rhannu stafell mewn tŷ croesawgar iawn dan ofal Mrs Moyse yn ardal Mount Pleasant gyda Windsor Wilson, bachgen o Lyn Ebwy a chyd-fyfyriwr yn y Coleg Celf. Roedd ganddo gar newydd sbon a byddem gyda'r nos yn dilyn ôl troed Dylan Thomas i bentref y Mwmbwls i chwilio am dalent a hwyl.

Roedd bywyd yn y Coleg Celf yn wahanol iawn i fyw yn Nhregaron. Er mwyn dod i gysylltiad â Chymry Cymraeg byddwn yn mynd i gyfarfodydd y Gym Gym yn y Brifysgol ac yn ymuno yn y gweithgareddau. Bûm gyda'r criw mewn protestiadau Cymdeithas yr Iaith a llwyddais i fynd i mewn heibio'r plismyn i brif adeilad Swyddfa'r Post yn y brotest enwog honno yn Llanbed ac eistedd ar y llawr i fynegi fy ngwrthwynebiad i ddiffyg defnydd y Post o'r Gymraeg. Chefais i ddim o fy arestio ac mae hynny siŵr o fod yn adlewyrchu na fues i erioed yn brotestiwr effeithiol. Doedd fy nhad na'm mam ddim yn gwybod fy mod i yno hyd nes iddyn nhw weld fy llun mewn adroddiad ar y teledu'r noson honno.

Byddai pawb yn disgwyl i fyfyrwyr Celf wisgo'n wahanol ac yn wir i arwain o safbwynt ffasiwn. Roedd gwisgo tei a phatrymau lliwgar o flodau llachar yn un ffordd o fod yn flaengar a byddai pobol 'nôl yn Nhregaron yn rhyfeddu at fy nghasgliad i o deis. Doedd y fath steil ddim wedi cyrraedd perfeddion cefn gwlad Sir Aberteifi hyd nes i mi sylwi bod ambell un o fois y dre'n gwisgo teis blodau a'r rheiny'n rhai digon cyfarwydd i mi. Deallais wedyn fod Mam wedi bod yn gwaredu fy wardrob adre er mwyn cefnogi elusennau ac achosion da mewn jymbl sêls lleol. Dyma'r arwydd cyntaf o dranc y dei werdd draddodiadol, a draig goch wedi'i phwytho ar ei chanol, a fu'n iwnifform i fois cefn gwlad am ddegawdau.

Cwrs blwyddyn oedd hwnnw yn Abertawe a doedd dim modd symud ymlaen i gwrs pellach yn y Coleg. Roedd fy mryd ar fynd i Goleg Celf Casnewydd oedd ag enw da, yn bennaf am mai John Wright, artist blaengar, oedd y Pennaeth. Cefais dipyn o siom o gael fy ngwrthod yno felly bu'n rhaid troi fy ngolygon i gyfeiriad Coleg Celf Caerdydd. Roeddwn yn ymwybodol, cyn mynd i gyfweliad, bod yna obsesiwn yn y sefydliad hwnnw am gelfyddyd arbrofol mewn plastig. Yn y cyfweliad, wedi i mi agor y portffolio a dangos fy ngwaith traddodiadol a gwledig, dyma nhw'n gwneud tipyn o hwyl wrth weld fy ngwaith ac yn chwerthin am fy mhen.

Dyna ddiwedd fy ngyrfa mewn Coleg Celf. Roeddwn nawr yn ddigyfeiriad ac yn dechrau amau a ddylwn fod wedi dilyn y trywydd hwnnw, ond roedd un peth yn siŵr, sef mai yn y byd celf roedd fy niddordeb o hyd.

Un diwrnod ym mis Gorffennaf dyma fi'n teithio ar y trên o Abertawe i Gaerfyrddin i weld fy hen athro Gareth Mathews oedd erbyn hyn yn darlithio yn Adran Ddaearyddiaeth Coleg y Drindod. Roeddwn erbyn hynny wedi cael fy nerbyn i ymuno â chwrs athrawon yng Ngholeg Townhill Abertawe ond doedd gennyf fawr o awydd mynd yno. Wedi sgwrs dros bryd ysgafn dywedodd Gareth y dylwn feddwl o ddifri am ddod yn fyfyriwr i Goleg y Drindod ac aeth â fi'n syth ar hyd nifer o goridorau cul mewn hen adeilad eglwysig ei naws nes cyrraedd swyddfa'r Prifathro, Y Parchedig Deryck Childs (Esgob Mynwy wedyn). Cefais gyfweliad yn y man a'r lle a chan fod yno ambell le gwag yn y sefydliad hwnnw cefais gynnig ymuno â'r Coleg ym mis Medi. Derbyniais yn y man a'r lle.

Wrth adael swyddfa'r Prifathro pwy oedd yn y coridor ond Norah Isaac, un o bileri Coleg y Drindod. Roeddwn yn ei hadnabod yn weddol dda oherwydd ei hymwneud â'r Urdd a bu hi a fy mam yn gyd-ddisgyblion yn Ysgol Maesteg. Eglurais fy mod yn ymuno â'r Coleg ar ddechrau'r tymor i astudio Celf. Mynnodd Norah y dylwn ymuno â'i chwrs Drama hi a oedd yn gwrs cyfrwng Cymraeg ac y byddai cyfuniad o gelf a drama yn briodas ddelfrydol. Er mai prin oedd fy niddordeb a'm gwybodaeth o'r ddrama doedd Norah ddim yn un i ddadlau â hi a derbyniais eto yn y man a'r lle.

Roedd Coleg y Drindod yn gwbwl wahanol i Goleg Celf Abertawe. Er bod yno agweddau Seisnig iawn yn deillio yn bennaf o'r cysylltiad eglwysig roedd yno *critical mass* o Gymry Cymraeg a does dim dwywaith i'r Drindod a'r Coleg Normal ym Mangor chwarae rôl allweddol yn nhwf addysg Gymraeg ac yn enwedig yn y bywyd cymdeithasol Cymraeg. Roedd y Drindod wedi tyfu'n gyflym yn ystod y chwedegau ac roedd cannoedd o fyfyrwyr wedi eu tanio â brwdfrydedd i fynd allan i drwytho disgyblion ledled Cymry yn y diwylliant Cymraeg. Roedd Norah hefyd wedi casglu nifer o enwau mawr y byd Cymraeg, yn feirdd ac yn llenorion ac yn enwogion o fri, i ymuno â hi yn yr Adran Gymraeg a Drama megis: Islwyn Ffowc Elis, Carwyn James, Dafydd Rowlands, Ifan Wyn Williams, Alun Lloyd, T James Jones, John Rowlands, Ifan Dalis Davies a Maldwyn Jones ac roedd Gareth Matthews, Eluned Rowlands, Malcolm Jones, Aneurin Jenkins Jones a John Jenkins ymhlith nifer dda o Gymry cadarn mewn adrannau eraill.

Roedd yr Adran Gelf hefyd yn uned gref iawn dan arweiniad Robert Hunter, artist a oedd yn adnabyddus yn ei gyfnod ac aelod o'r '56 Group', ac roedd Gareth Jones, George Little a Harvey Thomas yn cryfhau apêl yr adran honno. Treuliais lawer o amser gyda Harvey yn yr adran grochenwaith yn fy mlwyddyn olaf ac yn enwedig yn ystod cyfnod o ddeufis ar ddiwedd y cwrs wrth i mi geisio dal i fyny gydag amser a gollwyd er mwyn sicrhau digon o ddeunydd i'w arddangos yn yr arholiad terfynol. Mae nifer o'r potiau pridd hynny o gwmpas y tŷ yma heddiw yn drysorau personol. Mynnais wneud fy nghyfweliad yn yr arholiad terfynol yn y Gymraeg a hyd y gwn i fi oedd y cyntaf i wneud hynny. Roedd yr arholwr yn ddi-Gymraeg a daeth Norah Isaac i'r adwy fel cyfieithydd. Yn ddi-os cyfrannodd dehongliad Norah o'm gwaith tuag at y marciau parchus a gefais yn yr arholiad terfynol hwnnw. Fel llawer o'm cyfoedion ymdaflais i fywyd cymdeithasol y Coleg ac yn arbennig i'r bywyd Cymraeg. Ar ddiwedd y flwyddyn gyntaf cefais fy ethol yn Is-lywydd Undeb y Myfyrwyr a thrwy hynny gael cyfle i ymwneud â phob carfan yn y Coleg a dod i adnabod cylch ehangach o fyfyrwyr. Roedd Aelwyd Myrddin yn y coleg yn gyswllt uniongyrchol â gweithgaredd yr Urdd ac yn llewyrchus a gweithgar iawn. Byddem yn mynd o gwmpas pentrefi Sir Gâr i gynnal nosweithiau llawen a chefnogi twmpathau dawns lleol. Roedd bywyd yn brysur iawn a'r cwmni'n dda.

Pan oeddwn yn y flwyddyn olaf cychwynnais gylchgrawn dwyieithog o'r enw *Chwyn*. Ymddangosai'n gyson bob pythefnos. Yr oedd nifer o fyfyrwyr disglair y Coleg hefyd yn rhan o'r fenter, rhai fel Gareth William Jones a fyddai'n ysgrifennu colofn fachog dan y teitl Bybalo Bil a chyfrannwr cyson arall fyddai Eurig Wyn. Roedd *Chwyn* yn gyfrwng i bontio rhwng y Cymry Cymraeg a'r di-Gymraeg ac er mai cyhoeddiad du a gwyn ydoedd roedd yn gallu bod yn ddigon lliwgar ei gynnwys gyda'i ffocws naturiol ar yr hyn a oedd o ddiddordeb i fyfyrwyr. Un noson treuliwyd oriau'n lliwio bathodyn newydd yr Urdd â phens ffelt yn wyn, coch a glas mewn protest yn erbyn ymwneud yr Urdd â'r Arwisgo yn '69.

Cefais fy newis gan Norah Isaac i gymryd y brif ran mewn perfformiad o ddrama Saunders Lewis, *Buchedd Garmon*, ym 1967. Wn i ddim pam i'r deis ddisgyn ar fy rhif i, am fod yn y criw yn y dosbarth Drama actorion llawer gwell na fi, ond roedd 'na sôn y gallai Norah wneud i asyn actio. Mwy fyth o syndod i fi wrth edrych ar y ddrama honno heddiw yw sut yn y byd y llwyddais i ddysgu'r sgript gan mai drama glasurol ddigon anodd yw hi – yn fy nhyb i un i'w darllen a'i hastudio yn hytrach nag un i'w hactio yw *Buchedd Garmon*. Beth bynnag, perfformiwyd y ddrama yn Hen Theatr y Coleg a daeth fy rhieni i weld y perfformiad.

Adeg Eisteddfod Genedlaethol y Barri cefais ran Romain, y bwtler, yng nghyfieithiad Cymraeg Alwena Owen, un o staff yr Adran, o ddrama *Yr Ogof* gan Jean Anouilh a oedd i'w pherfformio gan Gwmni Coleg y Drindod a'i chynhyrchu gan Norah. Cynhaliwyd y perfformiad yn Neuadd Goffa'r Barri ac roedd yn un o brif atyniadau'r Brifwyl. Cyn yr Eisteddfod bu'n rhaid i griw Coleg y Drindod dreulio cyfnod yn Ninas Powys yn lletya mewn ysgol i fechgyn drwg o'r enw Bryn-y-Don. Roeddem yno am bythefnos yn byw, yn cysgu ac yn bwyta *Yr Ogof* yng nghwmni Norah. Cymaint oedd y caethiwed nes i un o'r criw ddarganfod tafarn i lawr y ffordd ac aeth y stori ar led. Yr unig ffordd i ni ddianc o'r ysgol i fynd yno oedd trwy'r ffenestri ac fe ddaeth hyn yn ddefod nosweithiol. Bob nos wrth i ni ddychwelyd byddai Norah yn ein dal ac yn ein gosod ni mewn dwy res – meibion y Mans ar un ochr a'r gweddill ar yr ochr arall. Ar yr ochr chwith, yn ogystal â mab gweinidog Capel Bwlchgwynt Tregaron, roedd Dewi, mab y Parch. Trebor Lloyd Evans, Treforys ac Eirian (cyn-brifathro Ysgol Gymraeg, Aberystwyth), mab y Parch Idris Evans, Hawen, ymysg y pechaduriaid niferus. Ond does dim dwywaith i Norah Isaac wneud cyfraniad aruthrol o fawr i fywyd Cymru, yn arbennig trwy'r Urdd a'r ddrama, ac fel prifathrawes yr Ysgol Gymraeg gyntaf erioed. Yn ogystal, fe ddylanwadodd yn drwm iawn ar Gymreigio'r Drindod. Roedd ganddi ei ffordd unigryw ei hun o ymdrin â sefyllfaoedd er y gallai weithiau fynd o dan eich croen.

Gwelais Norah fwy nag unwaith yn cael dynion o statws a phroffil i sefyll ar ben bwrdd a dychmygu eu bod yn goeden – yn wleidyddion ac yn weinidogion, yn farnwyr ac yn brif weithredwyr, ac yn athrawon a chyfarwyddwyr cwmnïau. Hwyrach ei bod hi'n meddwl bod hyn yn gyfrwng i chwalu pob ymdeimlad o ddelwedd. Rwy'n derbyn bod y plentyn ym mhob un ohonom ond roedd yn dipyn o syndod i weld pa mor ufudd oedd llawer o'r bobol hyn wrth ymateb i gais Norah.

Yn ystod fy mlwyddyn gyntaf yn y Drindod roeddwn yn byw ym Mhentremeurig, nid nepell o'r campws mewn tŷ o eiddo'r Coleg dan ofal hen wraig o'r enw Sarah Owen a dreuliasai dalp o'i hoes yn Fatron yn y Coleg. Welais i erioed dŷ â chynifer o ornaments o gwmpas y lle. Byddai hi'n ein disgyblu'n llym ac roedd hi'n llawn straeon am yr hen ddyddiau. Gallai fod wedi sgrifennu cyfrolau am helyntion rhai o'i chyn-fyfyrwyr mwyaf lliwgar, myfyrwyr fel Peter Davies Goginan a Huw Ceredig. Roeddwn yn rhannu stafell gyda Brian Davies a ddaeth wedyn yn brifathro cydwybodol ar Ysgol Rhydypennau ac felly yn fòs ar Linda'r wraig.

A minnau'n cychwyn ar fy ail flwyddyn ymunodd Linda â mi yn y Drindod ar gwrs hyfforddi i ddysgu plant bach, ond oherwydd fy ymwneud â chynifer o weithgareddau doedd dim llawer o amser i garu. Yn ystod ei hail flwyddyn etholwyd Linda'n gadeirydd Neuadd Teilo, lle'r oedd Norah a'i mam yn byw, ac er iddi fagu perthynas dda â phennaeth y neuadd roedd yn her gyson i ddianc rhag ei chrafangau. Yn naturiol, fe wyddai lawer iawn am ein carwriaeth. Wedi dweud hynny, roedd gennym ein dau barch mawr at yr hyn a gyflawnodd Norah dros Gymru. Mae angen pobol fel hi ym mhob cenhedlaeth rhag i ni, fel cenedl, gael ein sarnu dan draed y rhai na ddeallant beth yw bod yn aelod balch o genedl orthrymedig a gwan. Roeddwn yn Is-lywydd Undeb y Myfyrwyr y flwyddyn honno ac yn cynorthwyo'r Llywydd, Arthur Garnon o Abergwaun. Cefais ystafell ar gyfer y flwyddyn yn y Tŵr, un o neuaddau preswyl y bechgyn lle'r oedd y gymdeithas yn felys hyd oriau mân y bore. Roedd codi yn y bore yn broblem i mi ac er mod i wedi prynu cloc larwm o safon roeddwn yn ddibynnol iawn ar ffyddlondeb fy nghyfaill Penri Roberts a fyddai, bob bore, yn dod lan yn y lifft o'r llawr cyntaf i'r trydydd er mwyn fy neffro. Roeddwn yn falch iawn o fod yn Seremoni'r Coroni yn y Pafiliwn yn Eisteddfod Genedlaethol Dinbych 2001 i weld Penri yn ennill coron yr eisteddfod; roedd gen i barch i'w deyrngarwch a'i ffyddlondeb yn fy neffro'n foreol am flwyddyn gyfan yng Ngholeg y Drindod.

Fel eraill o'm cyfoedion yn y Coleg mae Penri wedi gwneud cyfraniad mawr i fyd y ddrama a hynny'n bennaf gyda Theatr Ieuenctid Maldwyn. Gwnaeth Gareth William Jones yntau ei farc fel athro drama, beirniad ac awdur ac mae Eirlys Britton wedi cyfrannu'n helaeth i fyd llwyfannu trwy'r Gymraeg ac wedi hyfforddi sawl cenhedlaeth ar gyfer Eisteddfodau'r Urdd ym myd llefaru, ond yn fwy arbennig ym myd y ddawns werin. Dau arall o'm cyfoedion oedd y bardd o Gwm Gwendraeth, Arwel John, a Cyril Jones, Bardd y Goron yn Eisteddfod Genedlaethol Cymru Aberystwyth 1992 a bûm yn rhannu llety ag e am flwyddyn. Yn ôl y sôn, pan oeddwn yn trefnu Noson Lawen yn y Coleg y cafodd Eirlys Parry y gwahoddiad cyntaf i ganu'n gyhoeddus a hithau'n canu i gyfeiliant medrus Hywel Evans ar y gitâr a fu am flynyddoedd yn Brif Weithredwr Menter a Busnes. Roedd Dewi ap Robert yn ganwr poblogaidd yn ystod y cyfnod hwnnw hefyd. Cymeriad lliwgar arall oedd fel chwa o awel iach ac yn ein harbed rhag i ni gymryd ein hunain ormod o ddifri yn y grŵp drama oedd Arfon Haines Davies sy'n wyneb a llais cyfarwydd i wylwyr teledu yn y Gymraeg a'r Saesneg. Aelod arall diddorol o'r criw oedd Alun Evans (Sarn) a fu hyd yn ddiweddar yn brifathro ar Ysgol Casmael yn Sir Benfro ac a lwyddodd i gasglu lluniau di-rif gan brif arlunwyr cyfoes Cymru a chreu oriel unigryw yn ei ysgol. Gallaf hefyd hawlio i mi fod yn gyd-fyfyriwr â Barry John a ddaeth yn fuan wedyn yn un o enwau amlycaf y byd rygbi rhyngwladol ac sy'n cael ei gydnabod fel y maswr gorau yn hanes y gêm ond, yn ystod ei flwyddyn olaf fel myfyriwr, treuliodd fwy o amser ar y Strade nag yn narlithoedd y Drindod! Mae llawer iawn o'm cyd-fyfyrwyr o'r cyfnod hwnnw wedi gweithio'n dawel ac yn gyson yn y cefndir yn hybu ac yn meithrin doniau plant ac ieuenctid a'u hyfforddi i gymryd rhan mewn gweithgareddau cymdeithasol a diwylliannol ledled Cymru.

Gan fy mod i wedi ymgolli'n llwyr ym mywyd cymdeithasol y Drindod ni sylweddolais tan hanner ffordd drwy'r drydedd flwyddyn fod gweddill y criw'n dechrau chwilio am swyddi dysgu. A bod yn gwbwl onest, doeddwn i ddim wedi mynd i goleg hyfforddi gyda'r bwriad o gael fy mharatoi i fod yn athro ysgol. Mynd yno i ddilyn fy niddordeb mewn Celf oedd yr ysgogiad ac ar ben hynny, diolch i Norah, cefais, dros y tair blynedd, fy nhrwytho yng ngwaith Saunders Lewis, Twm o'r Nant a John Gwilym Jones. Roedd y rhan fwyaf o'm ffrindiau â'u bryd ar fod yn athrawon a bu llawer iawn ohonynt yn llwyddiannus iawn yn eu gyrfaoedd a chyflawni gwaith gwerthfawr a phwysig ym maes addysg.

Roeddwn yn ymwybodol nad oedd pawb yn gadael y Drindod er mwyn mynd i ddysgu ac roedd nifer wedi symud i fyd y cyfryngau ac wedi gwneud eu marc yno. Ond cyn i mi fynd i banig digwyddais daro ar hysbyseb yn *Y Cymro* am Drefnydd i'r Urdd yn Sir Gaerfyrddin. Cyflwynais gais am y swydd a chefais gyfweliad yn adeiladau'r Drindod o flaen panel yn cynnwys R E Griffith, J Cyril Hughes, Gwennant Davies, Stella Treharne a Glyn Nicholas. Cefais gynnig y swydd ac roeddwn i gychwyn ar y gwaith ym mis Gorffennaf 1969.

COCH, GWYN A GWYRDD

Bwrlwm y gweithgaredd yn sir Gâr

'I ni oedd yn "byw" yr Urdd ar ddiwedd y chwedegau a dechrau'r saithdegau ychydig y sylweddolem ar y pryd mai dyma oedd oes euraidd y mudiad yn sir Gâr. Roedd y bwrlwm a'r gweithgaredd, yr arbrofi a'r mentro yn un cyffro mawr, heintus nad anghofiwn ni fyth. Amser creadigol i lawer.

Does dim rhyfedd i ni lwyddo gyda maverick o drefnydd sir yn ein harwain am gyfnod rhy fyr mewn gwirionedd – ond dyna ni, falle na fydde gyda ni Mr Urdd pe bai e wedi aros 'da ni'n hwy.'

Glenys a Sulwyn Thomas
Caerfyrddin

A MINNAU AR FIN cychwyn ar fy swydd gyntaf penderfynais deithio o'r coleg yng Nghaerfyrddin i Eisteddfod Genedlaethol yr Urdd yn Aberystwyth a hynny rai dyddiau cyn fy arholiadau terfynol. Digwyddais fod yno ar y diwrnod roedd y Tywysog Siarl yn ymweld â'r Brifwyl ac yn areithio o'r llwyfan. Roedd y Maes yn pingo o blismyn ac roeddwn yn eistedd gyda'r dorf yn y pafiliwn pan ymddangosodd y Tywysog ar y llwyfan. Yr adeg honno pabell (*marquee*) fawr lydan oedd y pafiliwn a lle i tua 3,000 i eistedd ar gadeiriau pren ar lawr o laswellt a phawb o'r gynulleidfa yn eistedd ar yr un lefel.

Roedd y cynnwrf a'r tensiwn yn berwi yn y pafiliwn pan safodd y Tywysog ar ei draed ar y llwyfan. Cododd rhes o brotestwyr ar eu traed a chreu hanner cylch fel pedol ar draws y pafiliwn gan ddal posteri ac arnynt eiriau gwrtharwisgo fel BRAD, GWARTH a CARLO. Roedd y lle'n ferw am fod llawer o'r gynulleidfa yno am reswm gwahanol iawn i'r protestwyr. Roedd nifer fawr o bobl tref Aberystwyth yno i gefnogi'r Tywysog, a sawl un ohonyn nhw ar eu hymweliad cyntaf â'r Eisteddfod.

Wrth i'r protestwyr gerdded allan o'r pafiliwn dyma John Garnon, yr arweinydd, ac un o 'hoelion wyth' yr Urdd yn cydio yn y meic ac yn cyhoeddi '... ma mwy wedi aros miwn na be sy wedi mynd mas ...' Rhoddwyd John mewn sefyllfa anodd a chafodd ei esgymuno'n annheg o gofio am ei gyfraniad enfawr i weithgareddau'r Urdd dros nifer helaeth o flynyddoedd.

Doeddwn i ddim yn rhan o'r brotest a hynny am fy mod newydd dderbyn swydd gyda'r Mudiad ac wedi dewis y llwybr roeddwn i'w ddilyn am y flwyddyn neu ddwy nesa.

Gyda'r nos cynhaliwyd Noson Lawen yn y pafiliwn a Dafydd Iwan oedd un o sêr y noson. Roedd Dafydd, un o'r mwyaf disglair o 'blant yr Urdd', erbyn hynny'n

ganwr poblogaidd a chanddo ddilyniant mawr ac roedd
wedi creu cynnwrf drwy Gymru ers rhai misoedd yn sgil
cyfansoddi cân o'r enw 'Carlo' oedd yn ddychangerdd
am y Tywysog Charles. Bu'r gân ar frig siartiau'r *Cymro*
am wythnosau lawer wedyn. Unwaith eto roedd yno
gynulleidfa gymysg a'u hanner nhw'n cefnogi'r Prins.
I wneud y sefyllfa'n fwy cynhyrfus fyth roedd Cadair
yr Eisteddfod yr wythnos honno wedi ei chyflwyno i
fardd ifanc dawnus o'r Sarnau, Gerallt Lloyd Owen, am
gerddi cenedlaetholgar 'Cerddi'r Cywilydd'. Yn ystod
ei berfformiad dyma Dafydd yn dyfynnu o'r cerddi
buddugol:

Wylit, wylit, Lywelyn,
Wylit waed pe gwelit hyn.
Ein calon gan estron ŵr,
Ein coron gan goncwerwr,
A gwerin o ffafrgarwyr
Llariaidd eu gwên lle'r oedd gwŷr.

Fe aeth yr awyrgylch yn y babell yn wenfflam. Dyna'r
profiad mwyaf o dyndra i mi erioed ei brofi mewn sefyllfa
lle'r oedd dwy farn a dau safbwynt mor bendant yn
gwrthdaro a lle'r oedd cymaint o densiwn o dan yr un to.

Eisteddfod wlyb iawn a gafwyd yn Aber ym 1969 ac yn
ôl y sôn mae nifer o'r tracfyrddau yn dal o dan wyneb y
tir ym Mhlascrug hyd heddiw. Wrth geisio ymbalfalu ein
ffordd allan yn y tywyllwch trwy'r mwd o'r Noson Lawen
clywais lais un o ferched y Bont yn dod o'r tywyllwch
gerllaw, 'Jiw Jiw. Os taw lle fel hyn sy 'da fe 'ma, gall
Dafydd Iwan gadw'i Gymru...' Doedd hi ddim wedi deall
byrdwn y gân bod 'y wlad hon yn eiddo i ti a mi'.

Nid mynd i Aber i weld y Tywysog wnes i'r diwrnod
hwnnw ond yn hytrach i wneud cysylltiad â rhai o'r criw

a fyddai'n gyd-weithwyr i mi o fis Gorffennaf ymlaen. Trwy lwc roeddwn yn nabod nifer ohonynt ac wedi cwrdd â nhw mewn twmpathau dawns yng Ngwersyll Glan-llyn ac mewn gweithgareddau eraill yng Nghymru. Roeddwn yn cychwyn ar fy swydd gyntaf yn un o bum trefnydd newydd. Roedd John Clifford Jones yn cychwyn yn Sir Fôn, Gwilym Charles Williams yn Sir Gaernarfon, John Hywyn ym Meirionnydd, Andrew Russ yn Ne Morgannwg a finnau yn Sir Gâr. Tîm bychan o staff cyflogedig oedd yn y mudiad ac roedd cael cynifer o wynebau newydd yn dipyn o newid. John Eric Williams oedd pennaeth Glan-llyn ac roedd John Japheth newydd ei apwyntio yn bennaeth ar Langrannog, gwaith y bu Ifan Isaac yn ei wneud yn ogystal â bod yn gyfrifol am Sir Aberteifi. John (bach) Hughes oedd Trefnydd yr Eisteddfod ac Ivor Owen oedd Golygydd y Cylchgronau. Ymysg y Trefnwyr Sir eraill roedd John Lane yng Ngorllewin Morgannwg, Dei Tomos ym Maldwyn, Alwyn Williams yn Ninbych a'r Fflint, Aneurin Thomas yng Ngheredigion a'r annwyl Iorwerth John Hughes (Crinc i bawb o bobol yr Urdd) ym Mhenfro. Roeddwn mewn cwmni arbennig.

Yn dilyn cyfarfod yn Swyddfa'r Urdd yn Ffordd Llanbadarn, Aberystwyth, i dderbyn cyfarwyddiadau gan ddau o benaethiaid yr Urdd, J Cyril Hughes a Gwennant Davies, y jobyn pwysicaf wedyn oedd casglu car yr Urdd – VW Beetle gwyrdd a bathodyn yr Urdd ar ei gefn â'r geiriau *Car Staff* – car yr Hitler Youth fel roedd ambell un yn jocan. Roeddwn hefyd wedi cael hen deipiadur *Imperial* a lot fawr o ewyllys da. Bant â fi wedyn am Sir Gâr.

Roedd y syniad o weithio yn Sir Gaerfyrddin yn apelio ataf am sawl rheswm. Roeddwn wedi byw yn y sir am dair blynedd yn ystod y cyfnod yn y Drindod a hon oedd y fwyaf cyffrous yn wleidyddol o holl siroedd Cymru. Cafodd fy nhad ei fagu yn Felin-foel ac roedd gwreiddiau teulu fy mam ym Mhontyberem. Roedd fy chwaer Rosalind ar y pryd yn athrawes Gymraeg yn Ysgol Ramadeg y Merched, Llanelli, a merch o'r sir oedd Linda, fy nyweddi, a chanddi lawer o'i thylwyth yn byw yno.

Yn Llandeilo roedd fy nhad-cu a Mam-gu, ar ochr fy nhad, yn byw a byddwn yn galw'n gyson yno yn eu cartref yn Noddfa, Stryd Rhosmaen. Gwraig dyner iawn oedd fy mam-gu a'r gwynegon wedi ei chaethiwo i'w chadair ger y tân ers blynyddoedd. Cymeriad gwahanol oedd fy nhad-cu – rwy'n cymryd iddo galedu at fywyd yn sgil ei swydd yn ddirprwy Brif Gwnstabl Heddlu Sir Gâr. Er bod y sir yn enwog am ei hemynwyr roedd Llys Caerfyrddin dros y blynyddoedd wedi profi llawer o ddihirod gwaetha'r genedl ac wedi tystio i rai o lofruddiaethau mwyaf erchyll Cymru y bu fy nhad-cu, yn rhinwedd ei swydd, yn eu canol. Dilynodd Danny, brawd fy nhad, draddodiad y teulu drwy ymuno â'r heddlu. Roedd gan fy nhad-cu gar Rover smart yn y garej ac er fy mod fel crwt ifanc yn ysu am gael eistedd yn y car a chydio yn y llyw chefais i erioed y cyfle. Yno hefyd yn y cartref roedd chwaer fy nhad, Mary Eirwen Jones, awdur toreithiog a pherson annibynnol a ddaeth yn adnabyddus yn bennaf yn sgil ei chyfrol *Folk Tales of Wales*, cyfraniad a gafodd ei gydnabod gan Orsedd y Beirdd yn Eisteddfod Aberafan 1966.

Roedd Sir Gaerfyrddin yn un o gaerau'r Gymraeg ond roedd yr ardaloedd dwyreiniol ar linell flaen y gad o safbwynt diogelu'r iaith. Roedd mewnlifiad sylweddol o bobl ddi-Gymraeg i gefn gwlad ar gerdded, a hynny'n fygythiad amlwg i ddyfodol yr iaith yn un o'i chadarnleoedd.

Bu'r sir yn dir ffrwythlon i'r Urdd ers blynyddoedd ac roedd yno nifer o Aelwydydd llewyrchus. Byddai'r

sir hefyd yn ennill sgôr uchel yn gyson yn Eisteddfodau
Cenedlaethol yr Urdd a sylweddolais fy mod yn llinach
nifer o drefnwyr amlwg, gan gynnwys Tomi Scourfield,
Eirlys Charles a Dai Arfon Rhys. Beth bynnag oedd
sefyllfa a thraddodiad yr Urdd yno, cyn belled ag roeddwn
i yn y cwestiwn, roedd yna gyfle mawr hefyd i dyfu ac i
ddatblygu.

Roedd y Clybiau Ffermwyr ifanc yn gryf iawn yn y
sir ac yn gwneud gwaith da, yn bennaf yn yr ardaloedd
gwledig ac roedd eu gweithgareddau'n naturiol
Gymraeg. Trefnydd y Ffermwyr Ifanc ar y pryd oedd
Rhiannon Howell (Bevan wedyn), merch frwdfrydig
a charismataidd, un a oedd yn feistres ar drefnu, a'r
ddawn ganddi hefyd i sicrhau fod pob dim yn llwyddo.
Penderfynais y byddwn yn cydweithio gyda hi yn hytrach
na cheisio bod mewn cystadleuaeth.

Dewisais gychwyn fy ngwaith yn ardal boblog Llanelli
drwy sefydlu swyddfa mewn adeilad o eiddo'r Urdd yn
Heol Goring. Yr adeg honno roedd gan yr Urdd nifer
o adeiladau ar draws y wlad at ddefnydd Aelwydydd,
llawer ohonynt yn gabanau pren, ond roedd yr adeilad
mewn stryd yn Llanelli yn dŷ a adeiladwyd o frics ac
wedi ei addasu flynyddoedd yn ôl ar gyfer ei ddefnyddio
i weithgaredd ieuenctid. Hen adeilad digon diflas oedd
e yn llawn o dawch stêl ond er mor anaddas oedd yr
adnoddau roedd yno gryn weithgaredd. Byddai criw
o hen ferched yn eu 70au a'u 80au yn ymgynnull yno
bob wythnos ar brynhawn dydd Mercher ac yn galw'r
gymdeithas yn Aelwyd Llanelli. Syniad gwahanol iawn
oedd gen i ac ieuenctid y dre, a fyddai'n cyfarfod yno ar
nos Wener, o'r hyn y dylai Aelwyd yr Urdd fod.

Agorais swyddfa yno a'i pheintio mewn lliwiau llachar
a oedd yn fy nhyb i'n gweddu i'r hyn y dylai lle gwaith
Swyddog Ieuenctid fod. Roedd ffenest fy swyddfa yn

wynebu wal y tŷ drws nesaf ac un diwrnod fe welais res o lygod mawr yn dringo'r iorwg a bu'n rhaid galw ar laddwr llygod y Cyngor i ddod yno i'w gwaredu.

Byddwn yn cael ymweliad ar ddiwedd y prynhawn, yn aml, gan rai o fechgyn Ysgol Ramadeg y Bechgyn ar eu ffordd adre o'r ysgol. Yn eu plith roedd Richard Rees a breuddwyd mawr Richard oedd bod yn droellwr recordiau DJ. Dim ond megis cychwyn oedd y Discos Cymraeg ar y pryd ond roedd Richard yn benderfynol o fod yn droellwr o'r radd flaenaf ac felly y bu. Gwnaeth Richard yrfa ohoni, ac mae'n dal wrthi'n gyflwynydd poblogaidd a chanddo ddilyniant cyson ar BBC Radio Cymru. Mae hefyd erbyn hyn yn arbenigwr ar drychfilod ac wedi gwneud degau o raglenni dogfen safonol ar natur a theithio i gwmni *Telesgop* sy'n eiddo i Elin Rhys ei briod.

Roedd gwaith Trefnydd Sir yn golygu ymweld ag ysgolion ledled y sir a hynny mewn cyfnod, yn ôl y dybiaeth, pan oedd tocyn aelodaeth y Blaid Lafur yn fantais i sicrhau swydd prifathro. Bryd hynny roedd cryn elyniaeth tuag at y Gymraeg ymhlith rhai o arweinwyr y blaid honno, yn enwedig yn Sir Gâr. Os gwir yr honiad hynny, roedd mwyafrif mawr y prifathrawon, serch hynny, yn gefnogol iawn i waith yr Urdd.

Gyda phob ysgol yn wahanol, un o'r rhai mwyaf unigryw oedd Coleg Llanymddyfri lle'r oedd cangen weithgar o'r Urdd wedi ei sefydlu yn yr ysgol breswyl o dan ofal Huw Llywelyn Davies, athro ifanc a oedd wedi olynu Carwyn James fel athro Cymraeg yn y Coleg.

Byddai'n anodd iawn cadw trefn ar amser oherwydd natur y gwaith. Roedd angen cryn dipyn o drafaelu gan y byddai ymweld ag ysgolion yn ystod y dydd a'r Aelwydydd gyda'r nos yn cymryd lot fawr o amser. Ar ben hynny roedd llwyth o bwyllgorau i'w mynychu yn cynnwys saith pwyllgor cylch a Phwyllgor Sir heb sôn am y cyfarfodydd

canolog. Er mwyn cael pethau i symud yn sydyn roedd
hi'n golygu gweithio ddydd a nos. Doedd hi ddim yn jobyn
o naw tan bump o'r gloch a fyddwn i ddim wedi dymuno'r
math hynny o swydd chwaith; roeddwn yn barod i fyw
bywyd yr Urdd ar Sul, gŵyl a gwaith.

I lawer o fewn yr Urdd, roedd gweithio gyda'r Aelwydydd
yn bwysicach na dim a dyna hefyd oedd y flaenoriaeth i
mi. Yno, yn yr Aelwydydd, roedd y bobol ifanc yn cyfarfod
â'i gilydd ond roedd y canghennau hyn yn amrywiol iawn
o ran eu maint, eu hadnoddau a'u llwyddiant. Yn rhy aml
o lawer byddai Aelwydydd yn ddibynnol ar unigolyn i
fod yn arweinydd a phe digwyddai i'r person hwnnw gael
llond bola neu gael ei daro'n sâl roedd perygl i'r Aelwyd
gyfan beidio â bod. Roedd cynnal diddordeb hanner cant
a mwy o bobl ifanc amrywiol, wythnos ar ôl wythnos, yn
gofyn am sgiliau arbennig a dyfalbarhad ac fe allai fod
yn waith unig a diddiolch. Y nod felly oedd sefydlu tîm o
bobl i arwain pob cangen ond roedd hynny'n haws dweud
na gwneud. Roeddwn wedi synhwyro bod cymuned gref
yn sylfaen dda i Aelwyd ac roedd yn syndod i mi bod
cynifer o bobol yn barod o hyd i ymdaflu i'r gwaith drwy
roi o'u hamser hamdden i arwain pobol ifanc, a hynny'n
ddi-dâl. Y rhain yw halen y ddaear.

Roeddwn yn ffodus, wrth gychwyn yn y gwaith, fy mod
yn etifeddu cadwyn o Aelwydydd gweithgar a llwyddiannus
ac wrth gwrs roedd pob un yn cyfarfod gyda'r nos, sawl
un ar nos Wener a chanddynt lawer o weithgareddau ar
y penwythnos. Byddai'n anodd ymweld â phob cangen
yn gyson. Roedd yna Aelwydydd mewn cymunedau
fel yr Hendy, Llanelli, Bancffosfelen, Caerfyrddin,
Idole, Y Tymbl, Llangyndeyrn, Cwmfelin Mynach a'r
mwyaf llwyddiannus, Aelwyd Brynaman, a chanddynt
adeilad pwrpasol a chriw da'n cynnal traddodiad hir
o weithgareddau'r Urdd. Os bu'r Urdd yn ffordd o fyw

Plant y Mans yn Nhregaron ar ddiwedd yr 1940au – Rosalind a fi.

Ble aeth y cwrls – heb sôn am y gwallt?

Lawr ar lan y môr... ar draeth Cei Newydd yn adeiladu cestyll.

Gwersyllwr ers cyn co' – yng ngardd Mam-gu ym Maesteg.

Gŵyl Sir yr Urdd Tregaron 1954 – 'Hei Ho Hei di ho, Ni yw Sipsiwn bach y fro...' Cael blas ar ennill cystadleuaeth yng nghwmni Carol Rees, Maureen Jones a Richard Seaden.

Ar ymweliad teuluol â Sŵ Llundain. Mae'n rhaid mai Rosalind oedd y tu ôl i'r camera.

Fi ac RE yn nofio yn y môr yn Ynyslas a Nhad yn y cefndir.

Fy araith gyhoeddus gyntaf, yn 9 oed wrth agor y ffair ar gaeau Brynheulog. Ymgyrch codi arian at gronfa i adeiladu Neuadd Goffa newydd ar sgwâr Tregaron.

Pac o Sgowtiaid Baden-Powell, Tregaron ar ddechrau'r chwedegau.
O'r chwith: Alun Jones, fi, Ken Howells, Eric Pollack, Keith Bush ac Aled Evans.

Eisteddfod Genedlaethol yr Urdd, Aberdâr 1961. Parti Wythawd i Fechgyn dan 15 oed. Trydydd: Parti Ysgol Sir Tregaron. O'r chwith: Ken Howells, Daniel Evans, Meirion Jones, George Evans, Vernon Jones, Alun Jones, fi ac Ann Williams (Cyfeilyddes).

Fy nhad, Parch. J Melville Jones yn Llywydd y Gymanfa Gyffredinol.

Ysgol Sir Tregaron: Dosbarth Cymraeg y Chweched, 1964
O'r chwith: Blaen – Ann Davies, Jane Evans, Eiddwen Evans, Angharad Evans, Marwin Jones-Evans. Cefn – Alun Jones, fi, Twm Roy Edwards, John Roderick Rees (Athro), Humphrey Davies a Lewis Edwards.

Mam ar ddydd ei phen-blwydd yn 96 oed yng nghwmni Manon a Meleri.

Fi a Marwin mewn carnifal ar sgwâr Tregaron. Ffransis o Assisi oeddwn i ac mae gwobr am yr ateb cywir cyntaf i ddyfalu pwy oedd Marwin.

Criw Coleg Celf Abertawe ar ymweliad â chrochendy Wedgewood yn Stoke-on-Trent. Ar y chwith mae Windsor Wilson o Lyn Ebwy. Bu'r ddau ohonon ni'n rhannu stafell mewn llety ym Mount Pleasant, Abertawe.

Picnic gyda Norah Isaac ar y ffordd i berfformio yn noson Gŵyl Ddewi Cymdeithas Gymraeg, Coventry. Hefyd yn y llun mae: Carys Lloyd Jones, Meinir Hughes Jones, Nia Roberts, Avril Griffiths, a Mary Lloyd Lewis.

Buchedd Garmon, Saunders Lewis, Yr Hen Theatr, Coleg y Drindod, Caerfyrddin 1967
O'r chwith: Rhes flaen – Jenny Morgan, Anwen Roberts, Rhiannon Pennar, Heulwen Jones Roberts, Hefina Williams, Ina Williams, Shirley Rowlands, Mary Lloyd Lewis
Canol – Geraint Thomas, Y Tri Cythraul, Mary Davies, Mair Clark, Avril Griffiths, Meinir Hughes Jones, Nia Roberts, Eirlys Morgan, Hilary Phillips, Catrin Davies, Menna Davies
Cefn – Gwyn Roberts, Elgan Williams, Carys Lloyd Jones, Owena Davies, fi, Gwyn Rowlands, Myrfyn Fychan, Brian Davies, Eirian Evans, Gareth Wyn Jones, Arfon Haines Davies a Llywela Pugh.

Buchedd Garmon yn rhoi hwb i fy ego. Chefais i erioed gymaint o edmygwyr benywaidd – ddim cyn hynny na wedyn.

Rihyrsal yng Ngholeg y Drindod ar gyfer perfformiad o ddrama *Yr Ogof*, Jean Anouilh yn Eisteddfod Genedlaethol Cymru, Y Barri 1968. O'r chwith: Elgan Williams, Gareth William Jones, Hywel Evans, Mary Lloyd Lewis, Eirian Evans, Eirlys Morgan, y fi fel Romain y bwtler, Dewi Lloyd Evans, Catrin Davies, Pam Price. O gwmpas y bwrdd – Tanwen Jarman, Margaret Mathias, Alun Evans, Dewi ap Rhobert a Myrfyn Fychan Roberts.

Undeb Myfyrwyr Coleg y Drindod 1967-68 pan oeddwn yn Is-Lywydd. Arthur Garnon, Abergwaun, y pedwerydd o'r chwith yn y rhes flaen oedd y Llywydd.

Cinio Anrhydeddu *Chwyn*, Coleg y Drindod, Gwesty'r Hebog, Caerfyrddin 1968.
Roedden ni wedi penderfynu cyflwyno anrhydeddau am gyfraniad i fywyd
y Coleg ar linellau'r Oscars a'r Orsedd – ond ble mae'r merched? O'r chwith:
Blaen – Ian Gwyn Hughes, Maldwyn Jones (siaradwr gwadd), Penri Roberts,
fi, Gareth William Jones, Gareth Wyn Jones. Cefn – Arwel John, Myrfyn Fychan
Roberts, Alun Evans (Sarn), Douglas Rees Hughes, Dewi ap Rhobert, Royston
James, Ieuan James ac Elwyn Evans.

Cynhadledd Staff yr Urdd, Pantyfedwen, Y Borth 1969. O'r chwith: Blaen – Ann
Lloyd, Ifan Isaac, Gwennant Davies, R E Griffith, J Cyril Hughes, Elsi Williams,
Delyth Rees. Canol – Maldwyn Jones, John Hywyn, John Japheth, John Lane,
Gareth Gregory, fi, Aneurin Thomas, Andrew Russ, Dei Tomos, Crinc, John Eric
Williams, John Clifford Jones, Gwilym Charles Williams, Alwyn Williams, John
Hughes. Cefn – Bob Hughes, Huw Cedwyn Jones a Dafydd Jones.

Cynhadledd Staff yr Urdd (staff y Maes a'r canolfannau). Yn y cyfarfod hwn y cyflwynwyd y syniad o Mistar Urdd am y tro cyntaf: O'r Chwith: Blaen – Dylan Evans (Brycheiniog a Maesyfed), John Japheth (Llangrannog), Elsi Williams (Pennaeth Ariannol), J Cyril Hughes (Cyfarwyddwr), John Lane (Gorllewin Morgannwg), Ifan Isaac (Pennaeth y Maes). Canol – Wini Young a Lisi Jones (Staff Cegin Llangrannog). Cefn – Alun Stephens (Caerfyrddin), Gwilym Hughes (Gwynedd), Stan Williams (Penfro), Derlwyn Rees Hughes (Môn), Alwyn Gruffydd (Gorllewin Clwyd), Dewi Jones (Adran Eisteddfod a Gŵyl), Peter Lunt Williams (Maldwyn), John Gwyn Jones (Ceredigion), Gwilym Charles Williams (Pennaeth Gweinyddiaeth), Dei Thomas (Glan-llyn), Eric Richardson (Dwyrain Clwyd), John Eric Williams (Glan-llyn), Ian ap Dewi (Llangrannog) Cefn pellaf: fi (Swyddog Cyhoeddusrwydd a Gwerthiant).

Swyddog Cyhoeddusrwydd a Gwerthiant yr Urdd 1972 yng Ngwersyll Llangrannog yn sefyll o flaen un o'r hen gabanau pren olaf cyn iddyn nhw gael eu dymchwel.

Ar faes Eisteddfod Genedlaethol yr Urdd, Pontypridd a'r Cylch 1973, yng nghwmni'r ddau drefnydd, Gareth Gregory ac Elwyn Evans – trafod tactegau a phenderfynu beth i'w ddweud wrth fois y wasg.

Neb arall ond Mistar Urdd.

Disbybl yn Ysgol Penweddig oedd Lowri Morris ar y pryd a hi gafodd ei llun wedi ei dynnu yn amlach na neb ar gyfer adeiladu delwedd Mistar Urdd.

Owain Cowell, Marc Rowlands, Aled Duggan, Beca Brychan, Hayley Jones a Lynn Evans: disgyblion Ysgol Gymraeg Aberystwyth gyda Mistar Urdd. Defnyddiwyd y llun ar ffurf bathodyn ac ar glawr record Ray Gravell *Y Fi a Mistar Urdd a'r Crysau Coch*.

Agorwyd Siop Mistar Urdd yn Stryd y Dollborth, Aberystwyth gan Ray Gravell ac roedd holl nwyddau Mistar Urdd ar werth 6 diwrnod yr wythnos.

Merched Aelwyd Tal-y-bont ar draeth y Borth yn eu crysau nos. Mae'n dda bod Mistar Urdd yno i gadw llygad arnyn nhw.

Cerbyd a fu'n rhan hanfodol o daith Mistar Urdd i bob cwr o Gymru. Dywedodd un o bileri'r sefydliad yn 1978 bod yr Urdd yn rhoi mwy o bwyslais ar gonc nag ar waith yr Aelwydydd.

Ymweld â ffrindiau Mistar Urdd yn Llanilar. Mae Robin y Gyrrwr hefyd yn y llun.

Mistar Urdd a'i ffrind Pengwyn a ddaeth draw i Gymru yr holl ffordd o Batagonia.

Mistar Urdd yn codi arian gyda chriw meddygol iawn yr olwg a fu'n cerdded o Flaenau Ffestiniog i Borthmadog yn 1982.

Hoe fach yn Ysgol Alltwalis i Sulwyn Thomas, Hywel Gwynfryn, Gari Williams a Prys Jones ar y daith gerdded noddedig fawr o Gaerfyrddin i Fethesda yn 1986. Cododd y daith dros £20,000 i'r Urdd. Hefyd ar y chwith mae John Eric Williams, Cyfarwyddwr yr Urdd.

Mistar Urdd a llond lorri o ffrindiau yn hwyl y Carnifal yn Mhenygroes Sir Gâr.

Rhys Hopkins a Iestyn Davies yn cwrdd â'u harwr yn y cnawd yn Aelwyd Amanw, Brynaman yn oerfel Chwefror 1986.

Mistar Urdd a chriw o aelodau Adran Amanw yn gweld cyfle i hyrwyddo Gŵyl Ddrama'r Urdd 1986 yn ngharnifal Brynaman.

mewn pentref roedd Brynaman yn un o'r enghreifftiau gorau. Yno, roedd criw gweithgar iawn: Glan Davies, Gareth Jones, Eric Jones, Janice Davies, Mair Thomas, Eira a Glynog Davies a llawer mwy a'r holl bentrefwyr yn gefn iddynt. Byddwn yn aml yn bwyta tships yn y car yn Cross Hands am hanner nos ar y ffordd adre o Aelwyd Brynaman.

Fel rheol, athrawon oedd arweinwyr yr Aelwydydd ond roedd llawer o arweinyddion y canghennau newydd yn weinidogion ifanc neu ganol oed cynnar, a'r rheiny'n aml gyda'r mwyaf brwdfrydig. Roedd nifer ohonynt yn Annibynwyr am ryw reswm, megis Tom Evans, Y Tymbl (A); Eddie Morgan, Ffwrnes (A); Eilir Richards, Bancffosfelen (B) a'i wraig Megan; Meirion Evans, Porthtywyn (A); John Pinion Jones, Caerfyrddin (P), Alun Williams, Llangyndeyrn (E yng Ngh), Gwylfa Evans, Pwll (A), a T James Jones (A) a Glyndwr Walker (A) yn Aelwyd Caerfyrddin. Roeddent yn ddigon effro i weld y cyfle bod yr Urdd yn gyfrwng i ddal cysylltiad rhwng yr eglwys a phobol ifanc wrth i'r don o wrthgilio gyrraedd y gorllewin yn sgil chwyldro cymdeithasol y chwedegau.

Ar y pryd, roeddwn yn byw mewn fflat yn Garrick Avenue wrth ymyl Parc Howard yn Llanelli. Roedd yr amgylchiadau'n drafferthus am fod y gegin ym mhen pella'r ardd mewn hen dŷ bach oedd wedi hanner ei addasu i fod yn gegin a'r adnoddau'n cynnwys sinc a ffwrn hen ffasiwn a dim ond lle i un person sefyll. Byddwn yn cario'r bwyd ar blât trwy'r ardd er mwyn cael bwyta wrth y bwrdd yn y tŷ. Ar ddiwrnodau gwlyb roedd hynny'n anodd a bu'n rhaid i mi ar adegau o law trwm fodloni ar fod yn sych ond bron â chlemio. Ond roedd achubiaeth.

Dau o gefnogwyr mwyaf brwd yr Urdd yn Sir Gâr oedd Glenys a Sulwyn Thomas. Roedd gan Glenys gysylltiad uniongyrchol â gweithgaredd yr Urdd yn Ysgol Dyffryn

Aman lle'r oedd hi'n athrawes Gymraeg. Gohebydd newyddion oedd Sulwyn ar y pryd a'i waith oedd chwilio am storïau yn y gorllewin i raglen *Y Dydd* ar HTV Cymru. Oherwydd natur y dechnoleg amser hynny roedd e'n gorfod paratoi ei adroddiadau ar ffilm yn y bore a'u hanfon mewn car i Gaerdydd ar gyfer y prynhawn i'w golygu mewn pryd i'r rhaglen y noson honno. Golygai hynny i bob pwrpas fod ei waith ffilmio wedi ei gyflawni cyn cinio a chan ei fod yntau'n berson mor egnïol a brwdfrydig roedd arno angen rhywbeth i fynd â'i fryd am weddill y dydd. Fel sy'n hysbys mae Sulwyn wrth ei fodd yn trafod syniadau ac mae'n drefnydd wrth reddf. Byddwn yn galw yn eu cartref yn Heol Bronwydd sawl gwaith yr wythnos, ac yno y byddem yn trafod ac yn datblygu syniadau a chynllwynio sut i ddatblygu'r Urdd yn y sir. Roedd yna fantais arall hefyd y byddaf yn fythol ddiolchgar amdani, sef gallu Glenys i goginio, yn enwedig ar dywydd gwlyb. Fe dyfodd y cyfeillgarwch rhyngof a Sulwyn fel perthynas dau frawd (gan na chefais i erioed frawd) ac roeddwn ar ben fy nigon pan gytunodd Sulwyn i fod yn was priodas i mi rhyw ddwy flynedd yn ddiweddarach.

Un o'r gweithgareddau cyntaf y bu'n rhaid i mi gymryd cyfrifoldeb amdano oedd cyfres o wyth Twmpath Dawns ac un Ddawns Sirol er mwyn dewis Brenhines Sir yr Urdd. Syniad ydyw sy'n perthyn i gyfnod a aeth heibio bellach ond, ar y pryd, hwnnw oedd un o'r prif ddigwyddiadau yn y sir ac roedd diddordeb mawr yn y ferch a fyddai'n fuddugol. Byddai'r enillwyr sirol yna'n symud ymlaen i'r rownd genedlaethol a'r buddugol ar bob lefel yn gweithredu fel llysgenhadon i'r Urdd. Golygodd hyn fy mod yn gweithio am naw nos Sadwrn yn olynol ac felly, unwaith eto, doedd dim amser i garu.

Roedd tipyn o fynd ar y Twmpathau Dawns fel achlysur cymdeithasol a byddem yn weddol sicr y byddai noson o ddawnsio gwerin yn llenwi neuaddau pentref, yn enwedig yn yr ardaloedd gwledig. Bu neuadd bentref Llanddarog yn lleoliad da i gynnal twmpathau ac roedd yn gyfleus i orllewin y sir gan gynnwys cymoedd Gwendraeth a'r Aman. Dai Lloyd, Dolgwili, Caerfyrddin, fyddai'n 'galw' yn y twmpathau hyn ond roedd Dai yn cymryd ei gyfrifoldebau o ddifri ac yn ystyried y gwaith yn fwy na dim ond chwarae recordiau a chyhoeddi'r cyfarwyddiadau ar gyfer pob dawns. Ambell dro byddai anghydfod yn datblygu ar lawr y neuadd a hynny'n aml am fod rhai o'r bois wedi gorfod yfed yn sydyn er mwyn cwpla'r peint cyn 'stop tap' a bod dod i wres y neuadd yn achosi i'r cwrw godi i'w pennau. Ar yr arwydd cyntaf o ymgecru byddai Dai yn neidio o'r llwyfan i'r llawr er mwyn gwahanu'r ymgodymwyr ac yn eu taflu allan cyn dychwelyd o fewn eiliadau i ailgydio yn y meic ar y llwyfan a byddai pawb arall yn mynd adre'n hapus ar ddiwedd y noson. Doedd dim angen talu am fownsyrs yn y cyfnod hwnnw.

Roeddwn yn ffodus bod llawer o weithgaredd yr Urdd yn y sir yn ddibynnol iawn ar frwdfrydedd criw bychan o wirfoddolwyr ac roeddwn yng nghanol llawer o gefnogwyr mwyaf teyrngar yr Urdd ar draws sawl cenhedlaeth. Yn eu plith roedd Stella Treharne, Bancffosfelen; Glyn, Elsi, Garry a Delyth Nicholas, Y Bryn; Huw Evans, Idole; Betty Thomas, San Clêr; Hywel Teifi Edwards, Llangennech; Denis Jones, Llanelli; Glenys a Sulwyn Thomas, Caerfyrddin; Roy Evans, yr Hendy; Ken Lloyd, Y Tymbl; W J Rees, Sanclêr a llawer eraill o gefnogwyr oedd yn ymwneud â'r mudiad yn genedlaethol yn ogystal â'r gweithgaredd sirol.

Roedd cryfder yr Urdd yn Sir Gaerfyrddin yn amlwg yn y Senedd Sir. Flynyddoedd cyn i mi gyrraedd yno roedd y Senedd, sef cynrychiolwyr o'r Aelwydydd drwy'r sir, wedi ei sefydlu ac wedi llwyddo'n rhyfeddol gan gyflawni gwaith pwysig. Roedd y cyfartaledd oed dipyn yn is na gweddill pwyllgorau'r Urdd ac o ganlyniad roedd holl agwedd y Senedd yn ifanc ei naws. Y prif fwriad oedd trefnu gweithgareddau a fyddai'n tynnu'r gwahanol ganghennau ledled y sir at ei gilydd.

Bu'r Senedd yn gyfrwng da i ennyn trafodaeth ar ddyfodol yr Urdd yn y sir ac yn fagwrfa dda i syniadau newydd ar gyfer gweithgareddau. Trefnwyd Senedd Undydd ar ddydd Sadwrn yng Nghwmfelin Mynach yng ngorllewin eitha'r sir lle'r oedd Rhoswen a Roy Llywelyn, arian byw o gwpwl, wedi dechrau Aelwyd newydd a bwriad y diwrnod oedd gosod y seiliau ar gyfer dyfodol llewyrchus i'r mudiad yn y sir. Roedd yno lond lle o bobol ifanc frwd yn trafod a threfnu'r Urdd a hynny am ddiwrnod cyfan.

Yn dilyn llwyddiant Sir Gâr ceisiwyd efelychu'r un trefniant mewn siroedd eraill trwy Gymru ond heb ddim byd tebyg i lwyddiant y criw diwyd yn Sir Gaerfyrddin. Eto i gyd, roedd yna gadwyn o Seneddau Sir a'r rheiny'n anfon cynrychiolwyr i'r Senedd Genedlaethol. Bwriad Senedd yr Ifanc oedd rhoi mwy o lais i'r aelodau yng ngweinyddiaeth yr Urdd a thrwy hynny greu to o arweinwyr newydd yn lleol a chenedlaethol. Cwyn gyson a glywid yn y Senedd oedd bod y to hŷn yn dal i reoli'r pwyllgorau a'r Cyngor Cenedlaethol a chan na roddwyd grym rheoli gwirioneddol i Senedd yr Ifanc doedd·e yn y diwedd yn fawr mwy na siop siarad.

Roeddwn hefyd yn awyddus i gydweithio gyda siroedd eraill cyfagos a chynhaliwyd llawer o weithgareddau ar y cyd gyda Sir Benfro a Sir Aberteifi. Roeddwn eisoes yn cydweithio'n agos gyda'r ddau Drefnydd – Crinc ac Aneurin Thomas – ac roedd cydweithio'n gyfle i rannu adnoddau yn fwy cyfartal ledled y rhanbarth. Roedd Sir Benfro, oherwydd natur ieithyddol y sir, yn brinnach ei

hadnoddau a'i phosibiliadau ond roedd yno Aelwydydd
llewyrchus iawn yng Nghrymych a Ffynnongroes a bu
Sir Aberteifi yn dir ffrwythlon i'r Urdd erioed.
Roedd Gwesty Blaendyffryn ger Llandysul yn ganolfan naturiol
i ardal eang a chyda chymorth Sulwyn a Richard Rees ar
y meic fe drefnwyd nifer o nosweithiau llwyddiannus yno
a fu'n arloesol o safbwynt datblygu Disgos Cymraeg fel
gweithgaredd i olynu'r Twmpathau Dawns. Rhaid diolch
yn hyn o beth i gefnogaeth perchennog Blaendyffryn, Tweli
Davies, a brynodd offer disgo arbennig ar ein cyfer.
Roedd Crinc yn un o gymeriadau'r Urdd. Er ei fod rai
blynyddoedd yn hŷn na mi, roeddwn wedi dod ar ei draws
cyn i mi ymuno â'r staff. Byddai'n mynychu Twmpathau
Dawns yn y Gorllewin a bob amser yn gwisgo cap
gwlân trilliw'r Urdd. Byddai'n aml yn sefyll wrth ochr
y llwyfan ac yn gwneud sŵn chwibanu adar i gyd-fynd
â'r gerddoriaeth. Roedd hon yn ddawn unigryw, crefft y
bu'n ei hymarfer a'i meithrin dros nifer o flynyddoedd.
Byddai'n siarad fel pwll y môr, ac roedd yn dueddol o
weld bywyd o ogwydd gwahanol i'r rhelyw ohonom,
ond roedd e'n gwmni da ac mae'n siŵr iddo fod yn un
o'r cefnogwyr mwyaf teyrngar a welodd yr Urdd erioed.
Mewn un cyfarfod yn gynnar yn y saithdegau, a drefnwyd
i adolygu'r Eisteddfod y flwyddyn honno, roeddem
fel staff wedi bod wrthi trwy'r dydd yn dadansoddi
agweddau o'r brifwyl gan gynnwys safon y cystadlaethau,
trefniadau'r rhagbrofion, rheol y dysgwyr, arweinyddion,
seremonïau, trefniadau'r beirniaid, y cyhoeddusrwydd, y
cystadlaethau llenyddol ac yn y blaen a phawb wedi hen
flino ar yr holl drafod. Yr eitem olaf ar yr agenda oedd
Unrhyw Fater Arall a dyma Crinc yn codi pwynt iddo
fynd i'r toiledau ar y maes a bod dim papur tŷ bach yno.
Wel, diolch byth am gymeriadau fel Crinc a lwyddodd i
godi gwên ar wyneb pawb wrth iddo ofalu am fater oedd

yn llawer iawn pwysicach na dim arall a drafodwyd gydol y dydd.

Byddai Crinc a John Japheth gyda'i gilydd yn ddigon i wneud i fochyn chwerthin. Byddai'r ddau, fel pawb arall o staff yr Urdd, wrth eu boddau yn mynd ar drip a byddent yn mynd ar wyliau gyda'i gilydd ar ôl treulio hafau hir a blinedig yn y Gwersyll. Er eu bod yn ffrindiau mwyaf yn y byd, eto i gyd byddai'r gwyliau'n aml yn cael eu torri'n fyr, a'r ddau â storïau hollol wahanol yn esbonio pam eu bod wedi dychwelyd ar fyr rybudd.

Yn y cyfnod hwnnw roedd smocio yn arfer poblogaidd iawn a'r mwyafrif llethol o'r staff yn smocio'n drwm. Doedd neb yn smocio mwy na RE ac yntau ymhob cyfarfod â dau becyn o'i flaen ar y bwrdd – Senior Service a Players No6 – plaen. Byddai'n gweithio'i ffordd drwy gynnwys y ddau becyn, bob yn ail, trwy'r cyfarfodydd. Byddai nodiadau adroddiadau Evan Isaac yn aml iawn wedi'u crynhoi ar becyn Embassy. Byddai Crinc yn deffro sawl gwaith yn ystod y nos i gael mwgyn a phan fyddai yn y gwersyll a sawl un ohonom wrth gwrs yn cysgu yn yr un stafell, pan ddigwyddai i mi ddeffro yn ystod y nos byddwn yn gallu gweld sbotyn bach coch yn goleuo yn y tywyllwch. Gwyddwn mai Crinc oedd yno a'i fod yn iawn.

Un o'r eithriadau prin ar staff yr Urdd nad oedd yn smocio oedd Gwennant Davies, Pennaeth Gweinyddiaeth, gwraig a wnaeth gyfraniad anferthol i'r Urdd dros nifer fawr o flynyddoedd, yn enwedig gyda chysylltiadau rhyngwladol. Aeth Gwennant i weld y meddyg am ei bod yn dioddef o beswch drwg ac wedi i'r doctor ei harchwilio dywedodd wrthi y dylai roi'r gorau i smocio. Bellach, wrth gwrs, mae yn erbyn y gyfraith i smocio mewn adeiladau cyhoeddus ond roedd profiad Gwennant yn neges glir nad oedd yr arfer o smocio yn gwneud dim lles i neb o fewn cyrraedd i'r mwg niweidiol.

'Nol yng Nghaerfyrddin roedd dod i nabod y sir yn ei chrynswth yn gyfle i ddysgu am natur a chymeriad gwahanol yr ardaloedd ac roedd gwahaniaeth mawr rhwng ardal y glo caled ar y naill law a'r gorllewin gwledig ar y llall. Byddai cefnogaeth Brynaman a'r Tymbl yn fwy na chant y cant dim ond i chi fynd ati yn y ffordd iawn ond gwae chi pe baech chi am fynd ati yn eich ffordd eich hun. Roedd gan yr ardal i'r gorllewin o Gaerfyrddin ei rin a'i ramant ei hun ac ymdebygai i'r naws a geid yn Sir Benfro ac roedd yn frith o gymunedau bach gwledig. Roeddwn wrth fy modd yn teithio i ysgolion bach gwledig Henllan Amgoed, Cwmbach a Meidrim a gyda phobl fel Aled a Menna Gwyn a Rhoswen a Roy Llywelyn yn arwain Aelwydydd doedd dim angen dymuno dim byd gwell. Roeddwn yn meddwl y byd o griw'r Urdd yn Sir Gâr ac mae eu brwdfrydedd yn parhau yn heintus fel y gwelwyd dro ar ôl tro, gan gynnwys yn Eisteddfod Genedlaethol yr Urdd Caerfyrddin 2006.

Byddwn yn cael fy ngwahodd i siarad mewn ambell achlysur cyhoeddus. Derbyniais wahoddiad gan un o'r Aelwydydd ar gyrion Caerfyrddin i fod yn Llywydd mewn Noson Lawen i godi arian i un o Aelwydydd y sir. Wedi i mi gyrraedd yno gwelais fod y neuadd fach yn llawn i'w hymylon ac aros yn y lobi bues i tan i mi gael fy ngalw i'r llwyfan i ddweud gair yn ystod yr egwyl hanner amser. Welais i'r un eitem o adloniant ond roedd y noson yn llwyddiant ysgubol i'r Aelwyd a dyna oedd yn bwysig yn y pen draw.

Er mai'r Urdd fel mudiad oedd fy nghyflogwr roedd fy swydd yn ddibynnol ar grant blynyddol gan y Cyngor Sir ac roeddwn yn gorfod adrodd yn ôl i'r Adran Ieuenctid yno. Bu'n syndod i mi weld pa mor anobeithiol oedd y gwasanaeth ieuenctid statudol o'i gymharu â'r sector wirfoddol. Mae'n wir fod yna ambell Drefnydd Ieuenctid disglair a chefnogol iawn i'r Urdd yn gweithio o fewn y system yng Nghymru ac rwy'n parchu'r rheiny ond, fel arall, doedden nhw'n ddim mwy na darparwyr gwasanaethau i gadw'r ieuenctid oddi ar y strydoedd. Roedd nifer o glybiau ieuenctid gan y sir a hyd y gwyddwn Saesneg oedd eu cyfrwng a'r arweinwyr yn cael eu talu am eu rhedeg. Y mudiadau gwirfoddol oedd asgwrn cefn y gwasanaeth ieuenctid ac ar sail brwdfrydedd ac ymroddiad yr arweinwyr gwirfoddol roedd mudiadau megis yr Urdd a'r Clybiau Ffermwyr Ifanc yn llwyddiant diamheuol.

Roeddwn yn ymfalchïo yn y ffaith fy mod yn gweithio i'r sector wirfoddol. Mae Cymru yn wlad sy'n doreithiog o fudiadau gwirfoddol ac mae cyfraniad y sector wedi bod yn amhrisiadwy i barhad ein cymunedau ar hyd y blynyddoedd. Er mai Trefnydd Sir oedd teitl fy swydd roedd yna elfen genedlaethol i'r cyfrifoldebau a byddwn yn gyson yn cael fy nenu i fod yn rhan o weithgareddau ehangach y mudiad. Dyna un o gryfderau'r Urdd – mae'r gweithgaredd lleol yn ennyn balchder cenedlaethol.

BYW I'R URDD

Hwyl yn y gwaith a chwmni da

'Oni bai am Wersyll Glan-llyn fyddwn i ddim yn Dewi Pws. Un diwrnod ro'n i'n 'whare oboitu yn gwisgo cot ffwr Mam yn y gwersyll yn esgus bod yn hipi. Pan welodd Gareth Mort fi fe alwodd e fi'n 'Dewi Pws', a dyna ni wedyn…'

Dewi Pws Morris
Diddanwr a hen wersyllwr

ROEDD YNA YMDEIMLAD CRYF o berthyn ymysg aelodau staff yr Urdd. Cynhelid cynadleddau preswyl i staff yr adeg honno yng ngwesty Pantyfedwen yn y Borth yn aml ac roedd aros yno am rai dyddiau yn hybu'r ymdeimlad o berthyn i dîm. Byddai pawb hefyd yn gweithio'n griw agos yn ystod y cyfnodau yn y gwersylloedd a byddai gweithgareddau cenedlaethol fel Eisteddfod Genedlaethol yr Urdd a gwyliau eraill yn meithrin perthynas a dibyniaeth ar ein gilydd. Roedd gan RE hefyd y ddawn i wneud i ni i gyd deimlo ein bod yn cyflawni gwaith pwysig a bod llwyddiant y mudiad yn ddibynnol ar ein hymdrechion. Llwyddiant yr Urdd oedd yn bwysig yn y pen draw.

Doedd yna ddim graddfa gyflog gydnabyddedig yn bodoli pan gefais i fy apwyntio a doedd hynny ddim heb ei broblemau. Mae stori am un Dirprwy mewn un adran o'r Urdd yn ennill mwy na Phennaeth yr Adran honno ac i'r Pennaeth ddarganfod hynny'n ddamweiniol. Cefais ar ddeall gan aelodau mwy profiadol mai'r drefn oedd os byddai dyrchafiad ar y gorwel yna byddech yn cael eich galw i ystafell y Cyfarwyddwr ac yno y byddai RE, wedi iddo roi hwb go lew i'ch ego, yn agor drôr yn ei ddesg ac yn cynnig codiad cyflog i chi. Yn wyneb yr amgylchiadau hyn cefais fy enwi i fod yn un o ddirprwyaeth oedd yn cynnwys Dei Tomos a John Eric Williams i fynd gerbron Swyddogion y Pwyllgor Gwaith er mwyn pwyso am raddfa gyflog deg i'r staff. Roeddem yn genfigennus o swyddogion yr Awdurdodau Lleol oedd ar raddfeydd y JNC neu Soulbury ac yn cael cyflogau uwch. Gan fod y mwyafrif o'r Trefnwyr wedi eu hyfforddi i fod yn athrawon roedd yna deimlad y dylid o leiaf ystyried graddfa Burnham. Beth bynnag, penderfynu dilyn graddfa sylfaenol athrawon fu canlyniad y cyfarfod am na allai'r Urdd, oherwydd ei sefyllfa ariannol fregus, ymrwymo i ddilyn graddfa gydnabyddedig. Bu'n rhaid aros am rai blynyddoedd wedyn cyn i'r Urdd lwyddo i gallu gwneud hynny. O leia, allai neb fod wedi cyhuddo staff y mudiad am fod yn y swydd er mwyn yr arian. Roedd y rhan fwyaf ohonom wrth ein bodd yn y gwaith ac yn teimlo i'r byw y fraint a'r wefr o weithio i fudiad a oedd mor allweddol i ddyfodol Cymru. Ond, roedd hi'n glir bod angen gwella'r amodau gwaith ar gyfer y tymor hir er mwyn denu a chadw staff o galibr uchel.

Yn naturiol, roedd pwyslais mawr ar weithgaredd eisteddfodol ac roedd ymwneud ag eisteddfodau cylch, sir a'r genedlaethol yn llenwi sawl tudalen mewn dyddiadur. Mae'r staff proffesiynol yn dal i chware rhan allweddol wrth redeg y Brifwyl yn llwyddiannus. Eisteddfod Llanidloes 1970 oedd fy mhrifwyl gyntaf fel aelod o staff yr Urdd. Doedd yna fawr o bebyll ar y maes ac eithrio'r pafiliwn, y babell fwyd, stondin bach yr Urdd a'r tai bach. Yr adeg honno roedd sgorfwrdd enfawr ar gefn y llwyfan a hwnnw'n cael ei ddiweddaru trwy'r dydd er mwyn cadw trac ar farciau'r siroedd. Syniad ardderchog ar gyfer codi brwdfrydedd y cystadleuwyr a'r gynulleidfa.

Roedd Huw Cedwyn Jones, swyddog stadau'r Urdd, yn ddyfeisiwr heb ei ail ac wedi mynd ati i greu campwaith o system electronig ar gyfer y sgorfwrdd fel na fyddai angen mwyach i aelodau'r staff fod yn newid y sgôr drwy sleidio paneli i mewn i ffrâm yng nghefn y llwyfan. Cefais y cyfrifoldeb o ddiweddaru'r sgôr yn yr eisteddfod a hynny o fwrdd rheoli yng nghanol y gynulleidfa yn y pafiliwn. Ond, er mor glyfar oedd dyfais Huw Cedwyn roedd gwneuthuriad holl strwythur y sgorfwrdd, gan gynnwys y degau o olwynion i gyd wedi eu gwneud o goed, ac er i'r system weithio'n berffaith yn neuadd yr Aelwyd yn Aberystwyth cyn cychwyn am Faes yr Eisteddfod, mater gwahanol oedd hi wedi i ni osod yr holl beirianwaith cymhleth yn ei le yn lleithder pafiliwn yr Eisteddfod. Wrth i'r pren chwyddo methai'r olwynion â throi. Er pob ymgais i'w drwsio doedd y sgorfwrdd ddim yn medru cadw lan gyda'r marciau a rhoi cyfanswm cywir i'r siroedd. Do, fe achosodd technoleg broblemau yn y gorffennol ac mae'n dal i wneud i lawer ohonom heddiw.

Roedd mynychu Gwersylloedd Llangrannog a Glan-llyn yn rhan bwysig o'r gwaith a fyddwn i ddim yn gorddweud wrth ddisgrifio'r gwersylloedd hyn fel ail gartref i mi ar y pryd. Yn ystod y cyfnod hwn y cymerwyd y camau cychwynnol i'w datblygu o fod yn wersylloedd haf yn unig i fod yn ganolfannau preswyl llawn amser. Sefydlwyd y Cyrsiau Iaith enwog gan Alun Jones, Gwilym Roberts, Tudur Williams ac eraill a bu'r rhain yn llwyddiant ysgubol ac yn gymaint o gyfraniad i fagu hyder ymhlith dysgwyr a'u troi'n Gymry Cymraeg rhugl. Roedd y wyrth yn digwydd o flaen ein llygaid.

Cefais innau gyfle i wneud defnydd o'm cefndir mewn celfyddyd drwy ddechrau cyrsiau celf yng Nglan-llyn ac roedd yna weithgareddau newydd yn datblygu mewn nifer o feysydd gan gynnwys natur a'r theatr. Carreg filltir arall oedd i'r ceffylau cyntaf gyrraedd Gwersyll Llangrannog a John Japheth, Crinc a finne'n cael ein taflu oddi arnynt yn bendramwnwgl i'r llawr ar y bryn uwchben Ynys Lochtyn. Roeddent yn anifeiliaid hollol wyllt ar y pryd ond fe'u dofwyd yn fuan gan Dai Jenkins cyn i filoedd o wersyllwyr eu marchogaeth dros y blynyddoedd.

Yr adeg yma hefyd y plannwyd yr hedyn cyntaf o safbwynt troi'r canolfannau'n fusnes o fewn yr Urdd. Byddai'r gwersyllwyr yn cael cyfle i brynu anrhegion yn y siopau yn Llangrannog neu yn y Bala. Sylweddolwyd y gallai'r Urdd elwa o hyn drwy redeg siopau yn y gwersylloedd a fyddai'n gwerthu mwy na phop a chreision. Roedd hyn yn cael ei arwain gan Benaethiaid Llangrannog a Glan-llyn ac fe aed ati i adeiladu stoc ac yna rhedeg y siop fel busnes proffidiol. Cefais ran yn y broses hon a dysgais wers sylfaenol mai plesio'r cwsmeriaid yw hanfod busnes ac mai camgymeriad mawr iawn yw dewis eitemau stoc i'w gwerthu am fy mod i fy hun yn eu hoffi. Erbyn hyn mae'r siopau yn y canolfannau'n elfen bwysig o gynllun busnes y gwersylloedd.

Roedd treulio cyfnod yn y gwersyll yn Llangrannog yn ein gosod ni'r staff ar blaned arall ac yn rhoi'r ymdeimlad o fod allan o gysylltiad yn llwyr â'r byd mawr y tu allan. Gyda dim ond un ffôn, un bath ac un nyrs i boblogaeth o 300 roedd Gwersyll Llangrannog yn fyd ynddo'i hun ond roedd y cwmni wastad yn dda. Yr unig gyfle fyddai i gael cysylltiad â'r byd mawr oedd pe byddai angen mynd ag un o'r plant i Ysbytai Glangwili neu Bronglais neu wrth rannu'r traeth ym mhentref Llangrannog gyda'r twristiaid. Byddem yn cael cysylltiad â'r byd ehangach hefyd drwy ymweliadau'r postman, y fan fara a lorri bop Tovali a'r postman a'r ddau yrrwr yn cael pryd o gig moch ac wy wedi'i ffrio gan Winnie Young, y gogyddes. Y pop mwyaf poblogaidd yn y gwersyll oedd Tovali Special a ddôi fesul tancer yn wythnosol o ddyffryn Tywi. Coctel o flas ffrwythau'r maes gyda lot o siwgr oedd e, rhywbeth yn debyg i Vimto sâl. Y rheswm tybiedig am ei boblogrwydd oedd mai dyna'r peth tebycaf i gwrw oedd ar gael yn y gwersyll! Er nad oedd y diferyn lleiaf o alcohol ynddo roedd yn cael yr un effaith â'r ddiod gadarn ar y plant o'i oryfed, a hwythau'n chwydu'r hylif coch yn eu cabanau a'u pebyll.

Roedd chwarae trics a thynnu coes yn rhan annatod o fywyd y gwersyll. Yn gyfrifol am ofal y plant ac yn trefnu gweithgareddau i'r gwersyllwyr, byddai tîm o swyddogion, neu swogs yn iaith y gwersyll, llawer ohonynt yn fyfyrwyr neu'n bobl ifanc mewn gwaith yn rhoi wythnos neu'n wir gyfnod da o'r haf i weithio'n ddi-dâl. Roedd y gwersyll yn ddibynnol ar y bobl dda hyn a byddai treulio cyfnod yno'n gofalu am y plant yn brofiad gwerthfawr iawn i'r swogs ac yn fantais ar CV y rheiny oedd am fynd yn athrawon. Yn ystod yr haf un flwyddyn, un o'r swogs newydd oedd merch wedi ei magu yn Llundain ac yn fwy sidêt na gweddill y criw. Roedd John Lane yng nghaban y Pennaeth pan ddaeth hi i mewn i ddweud nad oedd dim papur yn y jeriws – gair y gwersyll am doiled. Aeth John i'r cwpwrdd ac estyn rholyn o bapur iddi gan ychwanegu, 'Mae Mr RE Griffith, Cyfarwyddwr yr Urdd, wedi anfon memo allan o Swyddfa'r Urdd yn Aberystwyth heddiw yn dweud bod prinder cenedlaethol o bapur toiled ac yn gofyn i bawb o staff yr Urdd i ddefnyddio dwy ochr y papur'. Ie, un doniol iawn oedd John.

Byddai diddori 300 o blant yn y gwersyll yn Llangrannog yn dipyn o sialens yn enwedig adeg tywydd gwlyb. Prin iawn oedd yr adnoddau a byddai hi'n brawf mawr ar dalentau'r swogs pan na fyddai modd cynnal gweithgareddau awyr agored ar faes hyfryd y gwersyll. Byddai'r plant yn cael eu rhannu'n bedwar tŷ a'u symud o gwmpas y gweithgareddau: chwaraeon yn y Gym, twmpath dawns yng nghaban Tregaron, cwis yn y Caban Bwyta a sioe sleidiau mewn caban arall. Byddai gweithgareddau'r nos yn amrywiaeth o nosweithiau llawen, dawnsio ac o bantomeim a phob dydd yn dod i ben gydag epilog, cyn i'r plant noswylio: y merched i'r cabanau a'r bechgyn i'w pebyll. Byddem yn gwrando ar sgyrsiau'r bechgyn o'r tu allan i'r pebyll a sawl un yn ymffrostio yn y merched roedden nhw'n gallu eu denu.

Roedd Glan-llyn hefyd yn fyd unigryw ac roedd y gweithgareddau yno'n fwy arbenigol ac yn apelio at bobl ifanc yn eu harddegau megis hwylio, canŵio, dringo creigiau a gwersylla. Ffrwyth hyn oedd bod yr Urdd yn magu to o bobl ifanc â chryn sgiliau yn y diddordebau penodol hyn a hynny trwy gyfrwng y Gymraeg. Gwnaed llawer iawn o waith arloesol yng Nglan-llyn flynyddoedd cyn i ganolfannau awyr agored eraill agor yng nghefn gwlad Cymru. Byddai'r ieuenctid, yn Gymry Cymraeg ac yn Ddysgwyr, yn llwyr ymgolli yn y gweithgareddau hyn heb sylweddoli'n aml eu bod yn mwynhau a hynny drwy ddefnyddio'r Gymraeg. I lawer, dyma oedd un o'r cyfleoedd prin iddynt allu defnyddio'r iaith y tu allan i'r ystafell ddosbarth ac roedd treulio wythnos yn y gwersyll yn rhoi hyder iddynt ddefnyddio'r Gymraeg fel cyfrwng byw gan ennyn balchder yn eu Cymreictod.

Nodwedd arbennig o'r cyfnod oedd bod yna ddiwylliant canu pop Cymraeg yn egino. Glan-llyn oedd crud y cyffro newydd hwn ac roedd yn rhoi llwyfan i greadigrwydd ac i dalent o bob rhan o Gymru. Roedd naws arbennig y lle yn rhoi cyfle a llwyfan i bobol fel Dafydd Iwan, Edward Morus Jones a Huw Jones a'r rhai a ffurfiodd grwpiau'r blynyddoedd yn dilyn, megis Ac Eraill, Hergest ac Edward H Dafis a llawer eraill. Yno y canodd Dewi Pws rhai o'i glasuron am y tro cyntaf, caneuon fel 'Mynd 'nôl i Flaenau Ffestiniog'. Cafodd Huw Ceredig a Cefin Roberts a sawl un arall gyfle i ddatblygu eu doniau creadigol drwy greu sgetshys ar gyfer y rhaglenni nos. Roedd yna dalentau newydd yn ymddangos yn wythnosol ac yn wir dyma wreiddyn llawer iawn o'r rhai a ddatblygodd yn sêr ar S4C, ar lwyfannau Cymru, ac yn wir erbyn hyn ar lwyfannau mawr y byd.

Byddai'n rhaid i bawb yn eu tro gynorthwyo yng ngweithgareddau'r gwersyll ac roedd hynny'n golygu cynorthwyo i ddarparu prydau bwyd. Byddai rota o swogs a gwersyllwyr yn helpu adeg prydau bwyd a rhai'n ei chyfri hi'n fraint i wneud shifft ar y sgwad clirio llestri brwnt a'u golchi.

Roedd yna griw hefyd yn gweithio yn y gwersyll gydol

yr haf, yn crafu tatws ac yn gyfrifol am y gorchwylion beunyddiol. Myfyrwyr oedden nhw gan amlaf ac roedd eu cyfraniad yn allweddol i rediad y gwersylloedd o ddydd i ddydd. Wedi hynny aeth nifer ohonynt i swyddi da yn brifathrawon a rhai i swyddi cyfrifol iawn mewn sefydliadau cenedlaethol. Fel un o'r criw dethol yma yn y gwersyll yn Llangrannog y des i adnabod Elwyn Jones (Wews) sydd bellach yn gyfarwyddwr Cyngor Llyfrau Cymru, Ian Gwyn Hughes, golygydd pêl-droed y BBC, Eurof James, prifathro Ysgol Ynyswen Treorci, Cleif Harpwood, prif ganwr Edward H Dafis, Emyr Davies, cyfarwyddwr cwmni teledu Rondo, a Delwyn Sion a Derec Brown, dau o sêr y byd canu ysgafn Cymraeg. Un arall a gyflogid ar staff cynnal a chadw'r gwersyll oedd llanc ifanc o Gwm Nedd, Steffan Jenkins, Pennaeth presennol y gwersyll.

Yn y gwersylloedd hefyd y cafodd merched a bechgyn Cymru gyfle i gyfarfod â'i gilydd a dod yn ffrindiau ac mewn sawl enghraifft datblygodd y berthynas i fod yn fwy na chyfeillgarwch. Yma hefyd, mewn ambell achos, y torrwyd ambell galon. Onid yma roedd gwir weledigaeth Ifan ab Owen Edwards yn dwyn ffrwyth? Yn ôl a glywais, yn y cyfnod cynnar pan sefydlodd Syr Ifan wersyll cymysg i fechgyn a merched yn y 20au, mynegodd llawer yng Nghymru eu sioc o glywed bod ieuenctid o'r ddau ryw yn cael mynychu'r un gwersyll a bod hynny i lawer o'r to hŷn yn gwbl annerbyniol. Yn y pen draw bu hyn yn hwb i barhad Cymreictod sawl teulu ac yn gyfraniad positif iawn o safbwynt trosglwyddo'r iaith i'r genhedlaeth nesaf trwy i'r Urdd weithredu'n answyddogol fel biwro darpar briodasau.

Fel Trefnydd Sir Gaerfyrddin roeddwn yn gyson yn ceisio dwyn perswâd ar Adrannau ac Aelwydydd y Sir i ymweld â Llangrannog a Glan-llyn er mwyn i bobol ifanc y sir elwa o'r profiadau a gaent yn y canolfannau hyn. Gwyddwn yn dda y byddai cyfartaledd uchel ohonynt wedi hynny gymaint yn fwy brwd a pharod i gefnogi holl weithgareddau'r Urdd yn lleol ac yn genedlaethol.

PR

Gweithio gyda'r cyfryngau

... a mwy

'Wrth i mi ddatblygu ac ehangu cysylltiadau cyhoeddus HTV Cymru yn y saithdegau, byddwn yn ymwneud â phob agwedd o fywyd Cymru. Yn rhan ganolog o'r bywyd hwnnw roedd yr Urdd a'i gynlluniau mentrus a'i slogan herfeiddiol – 'Prif Fudiad Ieuenctid Cymru'. Gwych oedd cael cydweithio â'r mudiad a chyfrannu at fwrlwm afiaethus y cyfnod – cyfnod cyffrous – cyfnod i'w gofio.'

David Meredith
Cyn-Bennaeth y Wasg a Chysylltiadau Cyhoeddus HTV Cymru
yn ystod y cyfnod 1968–89

ROEDDWN WEDI TREULIO CYFNOD hapus iawn yn gweithio yn Sir Gaerfyrddin ac wedi cael llawer o gefnogaeth a chroeso yno a chyfleoedd i feithrin cryn dipyn o brofiad a hynny mewn cyfnod byr. Gwyddwn, yn sgil apwyntio John Japheth yn bennaeth ar Wersyll Llangrannog, fod yr Urdd ar fin hysbysebu am Swyddog Cyhoeddusrwydd a Gwerthiant. Byddai'r swydd honno'n golygu gweithio o Swyddfa'r Urdd yn Aberystwyth.

Cefais gyfweliad yn y pencadlys a doeddwn i ddim yn hapus o gwbwl â fy mherfformiad pan ymddangosais gerbron y panel o dan gadeiryddiaeth Alun Creunant Davies, Cadeirydd Cyngor yr Urdd. Eto i gyd cefais sypréis ddymunol i glywed eu bod am gynnig y swydd i mi.

Roedd hyn yn fy siwtio i'r dim gan fy mod ar fin priodi, a bod Linda wedi cael swydd dysgu yn Ysgol y Babanod ym Mhenparcau. Roeddem yn bwriadu symud i fyw i fflat yn Rhodfa'r Gogledd yn Aberystwyth – Harley Street y dre – lle'r oedd meddygfeydd y doctoriaid lleol a stryd a ddaeth maes o law yn gartref ac yn lleoliad cyfarwydd iawn i mi yn fy ngwaith am dros 25 o flynyddoedd.

A bod yn onest, prin iawn oedd fy mhrofiad mewn PR, ar wahân i rai gweithgareddau yn y coleg a'r cyfnod fel Trefnydd yng Nghaerfyrddin a hynny'n bennaf wrth ymwneud â'r papurau lleol. Bûm yn ffodus fod J Cyril Hughes, Dirprwy Gyfarwyddwr yr Urdd, wedi bod yn Swyddog y Wasg i BBC Cymru ac ef wedyn a gafodd ei apwyntio'n olynydd i RE. Roedd Cyril yn deall cysylltiadau cyhoeddus ac roedd ganddo drwyn am stori. Gwyddai beth oedd yn apelio at bobl y wasg ac roedd ganddo'r fantais ychwanegol ei fod yn adnabod llawer iawn o'r hacs. Gan ei fod yntau'n gyn-ddisgybl o Ysgol Sir Tregaron roedd yn deall fy nghefndir a bu'n gymorth mawr i mi mewn cyfnod pan fu'n rhaid i mi ddysgu llawer mewn amser byr.

Roedd gofynion y swydd yn eang ac yn cynnwys elfen fusnes gan fy mod yn gyfrifol am werthiant cylchgronau, cyhoeddiadau a nwyddau'r Urdd. Roedd hwn yn fyd newydd iawn i mi achos, fel mab y Mans, roeddwn yn meddwl bod pawb mor onest â'r dydd. Ar y dechrau byddwn yn canolbwyntio'n bennaf ar godi proffil yr Urdd. I wneud hyn roedd angen gweithredu rhaglen o weithgareddau cysylltiadau cyhoeddus yn ei ystyr ehangach. Sylweddolais yn fuan fod llawer iawn o bobol yn meddwl am PR yn nhermau'r wasg yn unig, sef *press relations*, heb ddeall beth yn union yw natur y maes mewn gwirionedd. Roeddwn erbyn hyn wedi sylweddoli fod cysylltiadau cyhoeddus yn faes llawer iawn ehangach sy'n ymwneud ag adeiladu delwedd, cyfathrebu effeithiol ac ennill ewyllys da. Mae gweithio gyda'r cyfryngau'n sicr yn un elfen greiddiol o'r maes ond mae angen mwy na hynny.

Bu'n rhaid dysgu'r ffordd galed. Y cam cyntaf oedd ceisio dod i ddeall teithi meddwl newyddiadurwyr. Adeg Eisteddfod yr Urdd yn y Bala yn 1972 roeddwn wedi paratoi gwybodaeth yn Saesneg am yr Eisteddfod ar ffurf datganiad eitha manwl yn egluro i'r wasg ddi-Gymraeg beth oedd cefndir yr Eisteddfod, a hwnnw'n cylchredeg gyda'r pecyn gwybodaeth arferol yn Gymraeg. Gwyddwn fod newyddiadurwraig o America yn dod i'r Eisteddfod a byddai hyn o help mawr iddi. Yn ystod yr wythnos cyn yr Eisteddfod ymddangosodd pennawd bras ar dudalen flaen *Y Cyfnod*, papur lleol y Bala, dan y pennawd 'Popeth yn Saesneg. Dyna Esiampl yr Urdd'. Roeddwn wedi brifo i'r byw am fy mod i o bawb yn cael fy nghyhuddo o fradychu'r Gymraeg. Roedd mwy i gefndir y stori nag y byddai'r darllenwyr fyth yn ei ddeall. Roedd angen i mi galedu.

Dros gyfnod o amser bûm yn cydweithio gyda llawer

iawn o ohebwyr y papurau Cymreig gan gynnwys Arthur Williams ac Iorwerth Roberts o'r *Daily Post*, David Hewitt, Clive Betts a Rhodri Clark o'r *Western Mail*, Peter Roberts a Roy Hancock yn y *Cambrian News*, a Llion Griffith, Lyn Ebeneser, Hefin Wyn a Glyn Evans o'r *Cymro*. Gohebwyr oedd y rhain â'u bys ar byls yr hyn oedd yn digwydd yng Nghymru ond pobol hefyd oedd yn gallu darllen rhwng y llinellau. Byddwn hefyd yn dibynnu ar gymorth ambell i ohebydd ffri-lans, er mwyn cyrraedd cynulleidfa ehangach. Un o'r rhai mwyaf disglair oedd Hughie Roberts, Y Bermo, gŵr a feddai ar y gallu rhyfeddol o droi unrhyw sylw yn stori bapur newydd.

Roeddwn hefyd yn adnabod nifer dda o ohebwyr newyddion y BBC a HTV, llawer ohonynt yn 'blant yr Urdd' a golygyddion newyddion megis Arwel Elis Owen a Gwilym Owen. Yr adeg honno roedd Adrannau Rhaglenni Plant bywiog yn ennill eu plwy yn y BBC a HTV a bu'r penaethiaid John Watkin a Peter Elias Jones yn gyfeillion cefnogol iawn. Roedd yn help mawr i gael newyddiadurwyr a chanddynt y cefndir angenrheidiol a'r ymwybyddiaeth i sylweddoli bod mudiad yr Urdd yn gyforiog o straeon newyddion. Y gamp wrth ddod i nabod y newyddiadurwyr oedd gwybod pa mor bell y gallech chi ymddiried ynddyn nhw wrth gyflwyno stori.

Gwers arall y bu i mi ei dysgu ymhen amser oedd nad pobol yr ymylon oedd y ffotograffwyr ac nad rhywbeth i'w drefnu ar frys ar ddiwedd achlysur neu ddigwyddiad oedd tynnu llun. Y llun sydd yn aml yn gwerthu'r stori ac fe all llun da ddweud cymaint mwy na geiriau. Y ffotograff yw'r cyfrwng i ddal sylw ac ennyn diddordeb rhywun i ddarllen y stori mewn papur newydd neu gylchgrawn. Rhowch bennawd bachog a llun da ac mae'r stori wedyn yn gweithio.

Y ffotograffwyr yw'r cymeriadau lliwgar ymhlith bois y wasg ac rwyf wedi cael y pleser o weithio gyda chynifer ohonyn nhw gan gynnwys Geoff Charles, Raymond Daniel, Ron a Phill Davies, Sion Jones a Gerallt ei fab, Mike Isaac, Tegwyn Roberts, Marian Delyth, Arwel Roberts, Gerallt Llywelyn, Ken Davies, Keith Morris, Tim Jones, Arvid Parry Jones a'r meibion, i enwi dim ond rhai. Maen nhw wedi bod yn gyfeillion allweddol yn fy ngwaith dros y blynyddoedd ac mae ganddynt gysylltiadau di-ben-draw am eu bod wedi ymwneud â chynifer o bersonoliaethau enwog a di-nod fel ei gilydd ac wedi bod yn dyst i gynifer o ddigwyddiadau hanesyddol.

Ar ddechrau fy swydd newydd roedd gennyf y fantais fod yr Urdd yn dathlu ei ben-blwydd Jiwbilî ym 1972 ac roedd yna gynlluniau uchelgeisiol i nodi'r pen-blwydd. Roedd RE wedi ei ryddhau i ysgrifennu cyfrolau ar hanes yr Urdd a Gwennant Davies yn paratoi cyfrol Saesneg. Trefnwyd nifer o weithgareddau ar gyfer y dathlu a'r uchafbwynt yng Ngŵyl y Gobaith i ddigwydd yn Llanuwchllyn ym mis Medi. Cynhaliwyd Gêm y Jiwbilî ym Mharc yr Arfau rhwng XV Barry John a thîm o ddewis Carwyn James. Hon oedd gêm ola Barry. Roedd rhaglen y dathlu yn cynnig cyfle di-ail i gael sylw ar y cyfryngau. Roedd HTV hefyd wedi ymrwymo i drefnu arddangosfa o waith yr Urdd yn Eisteddfod y Bala 1972, fel rhan o'r dathlu. Yno roedd fy hen gyfaill bonheddig ac unigryw David Meredith yn Swyddog Cysylltiadau Cyhoeddus ac roedd wedi ymgymryd o ddifri â'r dasg hon. Bu yntau'n gefnogol i amryw o gynlluniau'r Urdd dros gyfnod hir o flynyddoedd, fel y bu i lawer achos Cymraeg arall. Mae tranc HTV fel endid Cymreig wedi bod yn golled enfawr i Gymru a hynny nid dim ond oherwydd y golled yn y ddarpariaeth deledu yn unig.

Chefais i mo'r cyfle i gydweithio llawer iawn gyda

Sylfaenydd yr Urdd, Syr Ifan ab Owen Edwards. Bu farw Syr Ifan yn Ionawr 1970, chwe mis wedi i mi gychwyn gweithio ar staff y mudiad. Roeddwn wedi ei weld droeon, er pan oeddwn yn blentyn, mewn digwyddiadau cyhoeddus. Cefais sgwrs hir ag e yn ystod haf 1969 yng Ngwersyll Glan-llyn ac er bod ei iechyd yn fregus roedd yn llawn brwdfrydedd am y gwaith a'm hwynebai bryd hynny fel Trefnydd Sir yr Urdd yng Nghaerfyrddin. Roedd ganddo'r ddawn i ysbrydoli ac i greu ysfa ynoch i fynd mas i gyflawni gweledigaeth y mudiad. Bûm yn ei angladd yng nghapel Salem (capel y Morfa erbyn hyn) yn Aberystwyth ac yn rhan o'r llinyn hir o ddeugain o gerbydau ar y daith olaf i fynwent Llanuwchllyn.

Yn dilyn colli Syr Ifan etholwyd ei briod Lady Eirys Edwards yn Llywydd y mudiad. Roedd Lady Edwards yn parhau i fynychu nifer o bwyllgorau canolog yr Urdd ac roedd ganddi ddiddordeb byw yn holl weithgareddau'r mudiad. Byddwn yn gyson yn mynychu cyfarfodydd yn ei chartref Bryneithin ar ffordd Llanbadarn a hynny'n aml yng nghwmni Cyril Hughes neu John Roberts, Pennaeth yr Adran Ariannol. Bûm hefyd yn teithio yn ei chwmni i nifer o brif ddigwyddiadau ac yn arbennig i ddathliadau yn ystod hanner canmlwyddiant yr Urdd yn 1972. Roedd Lady Edwards yn gwmni da mewn cyfarfod ac ar daith, a byddai'r amser yn hedfan yn ei chwmni wrth iddi siarad yn ddi-stop ac adrodd hanesion difyr iawn am ddyddiau cynnar y mudiad. Roedd yn berson artistig ac roedd ganddi dipyn o steil o safbwynt ei hymarweddiad a'i gwisg. Hanai o deulu morwrol a chysurus eu byd yn Lerpwl ac roedd y cefndir hwnnw wedi gadael stamp arbennig ar ei phersonoliaeth. Does dim dwywaith i'w chysylltiadau hi fod yn fodd, yn enwedig yn ystod y blynyddoedd cynnar, i gadw'r blaidd o'r drws a chyfrannodd hynny'n fawr at barhad y mudiad.

Bu cyfraniad teulu Syr Ifan i'r Urdd yn sylweddol iawn dros y blynyddoedd ac mae'r cyfraniad hwnnw'n parhau o hyd. Enwebwyd Syr Ifan ar nifer helaeth o bwyllgorau a sefydliadau ac mae'r ddau fab wedi dilyn ôl ei draed ac wedi chwarae rhan bwysig ym mywyd cyhoeddus Cymru, Owen yn Rheolwr BBC Cymru ac yn Brif Weithredwr cyntaf S4C a Prys yn ddyn busnes adnabyddus ac yn gyn-Gadeirydd Bwrdd Croeso Cymru ac S4C. Etholwyd y ddau yn eu tro yn brif swyddogion yr Urdd.

Mae cysylltiad teulu'r Sylfaenydd wedi bod yn rhan o gymeriad y mudiad ar hyd y blynyddoedd. Ymdaflodd Prys i waith yr Urdd a bu'n weithgar a theyrngar i'r mudiad gydol yr amser. Etifeddodd ysfa greadigol ei dad a chyfrannodd doreth o syniadau newydd, llawer ohonynt yn syniadau anghonfensiynol er mwyn gwthio'r ffiniau a symud yr Urdd yn ei flaen. Dyma sydd wedi galluogi'r mudiad i newid ac addasu i ateb gofynion cyfnodau gwahanol. Onid dyna yw cyfrinach llwyddiant yr Urdd?

Mae olyniaeth y teulu'n parhau ac wedi symud i'r genhedlaeth nesaf wrth i Sion, mab Prys, dderbyn y cyfrifoldeb o fod yn un o ymddiriedolwyr y mudiad. Bydd profiad Sion o redeg busnes llwyddiannus yn cynnig dimensiwn gwerthfawr ac allweddol i fudiad gwirfoddol sydd erbyn hyn yn gwmni busnes llwyddiannus ac yn gyflogwr sylweddol.

Roedd Syr Ifan yn ddyfeisgar iawn ac roedd ganddo syniadau gwreiddiol. Creodd argraff fawr arna i pan welais i'r garej yn ei gartref yn Bryneithin ar Ffordd Llanbadarn. Lleolwyd y garej yng nghefn y tŷ ac i gyrraedd yno roedd rhaid mynd ar hyd ffordd gefn gul iawn. Byddai bacio'r car yr holl ffordd yn ôl yn dipyn o gamp ac er mwyn osgoi gorfod gwneud hynny roedd wedi creu llawr a hwnnw'n troi mewn cylch. Felly, wrth barcio'r car yn y garej y cyfan roedd angen ei wneud oedd troi handlen a byddai'r llawr yn troi a thrwyn y car yn wynebu allan yn barod ar gyfer y daith nesaf.

Dangosodd Syr Ifan fwy nag unwaith ei fod yn arloeswr mewn sawl maes. Roedd yn ddyn y cyfryngau newydd ac ef oedd y cyntaf i wneud ffilm Gymraeg, *Y Chwarelwr*, a ddangoswyd gyntaf yn 1937 ac fel rhan o'i gynllun i hyrwyddo'r Gymraeg fe deithiodd Gymru benbaladr yn dangos y ffilm.

A minnau'n dal yn newydd yn fy swydd roedd trefniadau eisoes ar y gweill i gynhyrchu ffilm *Dyma'r Urdd* fel cyfrwng i hyrwyddo'r mudiad. Roedd yr Urdd wedi derbyn nawdd gan Fanc y Midland (HSBC erbyn hyn) i gynhyrchu'r ffilm a hynny trwy gymorth Emrys Evans, Pennaeth y Banc yng Nghymru. Comisiynwyd Wil Aaron yn gynhyrchydd, yntau yn un o blant yr Urdd ac wedi dod yn enw disglair yn y byd ffilm a theledu rhwydwaith. Seiliwyd y stori ar ferch o'r Cymoedd o'r enw Jên, sef Jên Lethridge o Gilfynydd, ac roedd y ffilm yn un o'r hysbysebion gorau erioed a wnaed i hybu mudiad ieuenctid.

Bu disgwyl mawr am weld y ffilm a'r dasg nesaf oedd sicrhau bod modd i gynifer o bobol ag oedd yn bosibl gael y cyfle i'w gweld a'i mwynhau. Bant â fi un diwrnod i Gaerdydd i gasglu taflunydd a sgrin ar gyfer pob Trefnydd Sir yr Urdd dros Gymru er mwyn iddyn nhw allu dangos y ffilm mewn cymunedau ledled Cymru. Ar y daith adre dros Fannau Brycheiniog cefais ddamwain pan aeth y car benben â char arall ger Storey Arms. Cymaint oedd grym y gwrthdrawiad nes i'r offer hedfan allan drwy ffenest ffrynt y car. Yno roeddwn yn y gwynt a'r glaw ac offer newydd sbon yr Urdd wedi eu gwasgaru ar draws yr A470. Doedd fawr o siâp ar y ddau gar ond fe lwyddwyd i gasglu'r offer ynghyd a llwyddwyd i ddangos y ffilm mewn ysgolion a neuaddau llawn drwy Gymru. Roeddwn yn ffodus y tro hwnnw bod Gwilym Charles Williams, oedd erbyn hynny'n Bennaeth Gweinyddiaeth yr Urdd, wedi digwydd cyrraedd y fan a'r lle ar y pryd ac yntau ar ei ffordd i gyfarfod o Bwyllgor Sir yn y De.

Yn ychwanegol at y gwaith hwn roeddwn wedi dechrau ceisio gweithio ar ddelwedd fwy cyfoes i gyhoeddiadau'r Urdd. Roedd fy nghefndir yn y byd celf yn rhyw gymaint o help ond doeddwn i erioed wedi cael fy hyfforddi fel dylunydd graffeg. Celfyddyd Gain oedd fy maes astudiaeth yn y Coleg a dyna oedd fy niddordeb, ond fe ddatblygais yn dipyn o foi am ddefnyddio *letraset*. Roedd yr Urdd wedi prynu peiriant argraffu ail-law a bûm wrthi'n cynhyrchu gwaith celf ar gyfer amrywiol gyhoeddiadau'r mudiad. Cynlluniais logo newydd ar gyfer Gwersyll Glan-llyn ar ffurf cwch hwylio a barodd am ddegawdau ac roeddwn yn ymwybodol iawn bod llawer gormod o ddeunydd yr Urdd yn hen ffasiwn ac yn edrych yn debyg i gyhoeddiadau crefyddol diflas y cyfnod. Wedi hynny, gyda chynnydd yn y gwaith, penderfynwyd apwyntio dylunydd i'r Urdd ac fe gychwynnodd Wyn ap Gwilym (Cowbois erbyn hyn) yn y swydd newydd honno.

Roeddwn yn awyddus i geisio gwella safon stondin yr Urdd yn Eisteddfod yr Urdd a'r Eisteddfod Genedlaethol hefyd. Ar gyfer ymweliad Eisteddfod yr Urdd ag Abertawe llwyddwyd i sicrhau cyllideb fechan ar gyfer y gwaith. Y bwriad oedd creu bocsys mawr tua chwe throedfedd sgwâr â chylchoedd wedi eu torri allan o'r pedair ochr a phaneli crwn y tu mewn yn troi ac yn dangos lluniau a delweddau o weithgareddau'r mudiad. Defnyddiwyd neuadd waelod yr Aelwyd yn Aberystwyth drws nesaf i Swyddfa'r Urdd ar gyfer y gwaith adeiladu a chawsom gymorth Fred Hughes, cyn *chauffeur* Syr Ifan, oedd hefyd yn meddu ar ddawn saer coed. O fewn dim o amser roedd yr Aelwyd fel ffatri a'r bocsys yn cael eu hadeiladu a'u

paentio a'r cyfan yn edrych yn dda. Pan gyrhaeddodd
Maelor Evans, Trawsgoed, er mwyn llwytho'r cyfan i
mewn i'r fan i'w cludo i'r maes yn Abertawe daethom ar
draws problem am fod y bocsys yn rhy fawr i fynd allan
trwy ddrws yr Aelwyd. Roedd yr iaith rhwng Selwyn a
Fred a minnau yn goch a bu'n rhaid datgymalu'r bocsys
a'u hailadeiladu ar y maes yn Abertawe ond diolch byth
edrychai'r cyfan yn dda ar gyfer yr Eisteddfod. Yn sgil
hyn gwnaed llawer mwy o ymdrech a neilltuwyd mwy
o arian er mwyn gwella'r stondin a bu Gwynfor Davies
a'i weithwyr yn dilyn taith yr eisteddfodau dros Gymru
am flynyddoedd wedyn yn adeiladu stondin lliwgar a
phroffesiynol i'r Urdd.

A minnau erbyn 1973 wedi cael amser i setlo yn y
swydd roedd angen meddwl o ddifri am adeiladu delwedd
ifanc a deniadol i'r Urdd. Roedd y mudiad yn gryf yn yr
ardaloedd mwyaf Cymreig yn y gogledd a'r gorllewin
ond roedd potensial mawr i ddatblygu yn yr ardaloedd
mwyaf poblog a thrwy hynny ennill mwy o siaradwyr
Cymraeg ifanc. Doedd yr Urdd ond wedi megis cyffwrdd
â rhannau o gymoedd y de ond gan mai nifer fechan o'r
staff a weithiai yn yr ardaloedd hynny roedd y dasg yn un
enfawr. Eto i gyd roedd yn rhaid gwneud rhywbeth.

Penderfynwyd mynd ar grwsâd dan yr enw *Urdd
74* a chanolbwyntio ar ysgolion cyfun mawr gyda'r
bwriad o fynd â'r Urdd i gynulleidfaoedd o 1,000 a
mwy ym mhob lleoliad. Cafwyd benthyg Land Rover a
thrailer gan Meirion Elis Jones, Moduron Meirion yn
Aberystwyth, ac yng nghwmni Dewi Pws a Huw Jones a
thîm o Drefnwyr Sir ffwrdd â ni a bant â'r cart. Roedd
yna gyfres o jingles newydd wedi eu cynhyrchu ar dâp
gyda help Derec Brown, Cwrwgl Sam a Cleif Harpwood
a byddai'r gerddoriaeth newydd yn bloeddio wrth i ni
gyrraedd yr ysgolion. Bu Dewi a Huw yn perfformio

o'r trailer ond roedd y croeso a gaem pan fyddem yn cyrraedd yr ysgolion mor gyfnewidiol â'r tywydd. Doedd mwyafrif y plant erioed wedi gweld na chlywed cantorion pop Cymraeg cyn hynny a mawr oedd y gwawd mewn llefydd fel Glyn Ebwy a Phontypŵl wrth i ni gyrraedd y tu allan i'r ysgolion. Gyda dawn gyfathrebu ddiamheuol y ddau berfformiwr fe lwyddwyd i ddenu sylw, ac yn wir i swyno'r gynulleidfa fawr ym mhob un lleoliad. O fewn munudau i gyrraedd roedd y gefnogaeth yn fyddarol. Wrth i ni adael byddai'r gynulleidfa'n blastar o wyn, coch a gwyrdd a'r plant yn crefu am gael gwisgo bathodyn yr Urdd. Bu *Urdd 74* yn enghraifft dda o waith tîm gan nad ar chwarae bach roedd modd trefnu i ymweld â chynifer o ysgolion o fewn cyfnod mor fyr. Bu'n sialens, serch hynny, i ddwyn perswâd ar ambell brifathro i ganiatáu i ni gynnal y fath ymweliad cynhyrfus am ein bod yn torri ar draws rhediad arferol yr ysgol.

Fel mudiad gwirfoddol roedd perygl mawr fod yr Urdd yn mynd o un creisis ariannol i'r llall a'r rhan fwyaf o'r rheiny'n deillio o ddigwyddiadau y tu hwnt i reolaeth y mudiad. Roedd angen felly i sicrhau chwistrelliad o arian i hybu'r coffrau. Ym 1975, felly, dyma geisio cyflawni hynny a chodi proffil y mudiad mewn un ymgyrch fawr. Trefnwyd Ras Falŵns Fwya'r Byd a llwyddwyd i werthu tocynnau ymhob rhanbarth yng Nghymru i'n galluogi i ryddhau 100,000 o falŵns o Wersyll Llangrannog.

Mantais fawr yr ymgyrch hon oedd ei bod yn rhoi cyfle i aelodau a chefnogwyr ymhob rhan o Gymru i gymryd rhan ond roedd yna broblem ymarferol go fawr yn ein hwynebu a allai droi'n greisis. Y bwriad gwreiddiol oedd gollwng y 100,000 o falŵns gyda'i gilydd mewn seremoni drawiadol a gweladwy ond sylweddolwyd yn fuan nad oedd hyn yn bosibl am fod y nwy heliwm yn treiddio trwy rwber y balŵn ar ôl peth amser. Doedd dim modd llenwi'r balŵns, felly, a'u storio dros nos. Roedd yn rhaid dod o hyd i ateb sydyn rhag i ni siomi degau o filoedd o gefnogwyr oedd wedi prynu tocynnau ac yn gobeithio ennill gwobrau. Wedi i ni alw cyfarfod brys penderfynwyd mai'r ffordd ymlaen oedd creu twnnel allan o rwydi a fyddai'n llenwi canol llawr y Gym yn y Gwersyll a chael timau o wirfoddolwyr bob ochr yn llenwi'r balŵns o gyfres o silindrau nwy a'u bwydo i mewn i'r twnnel, a thîm arall o dan y rhwydi pob un â brwsh mawr yn eu gwthio ar hyd y twnnel allan i'r awyr iach. Roedd hi'n dasg enfawr a bu'n rhaid trefnu'r broses mewn dull militaraidd – roedd clymu pob balŵn yn dolurio'r bysedd ac roedd bod yn awyrgylch y nwy heliwm am amser hir yn effeithio ar leisiau pawb oedd yno. Bu'n rhaid i mi gydlynu'r trefniadau gyda'r awyrlu rhag amharu ar draffig yr awyr ac yn arbennig y Ganolfan Arbrofi yn Aberporth. Gydag ymroddiad tîm mawr o wirfoddolwyr, fe lwyddwyd i gwblhau'r dasg ac i gael y stynt wedi ei gofrestru yn y *Guinness Book of Records*, diolch i gydweithrediad y golygydd, Norris McWhirter.

Wedi ychydig amser fe ddechreuwyd derbyn y cardiau yn ôl. Roedd y gwynt wedi chwythu'r balŵns ar draws Môr y Gogledd a dychwelwyd nifer o gardiau o wledydd Llychlyn ac un hyd yn oed wedi cyrraedd cyrion Rwsia. Erbyn hyn roedd yr aelodau yn disgwyl ymlaen yn eiddgar am yr ymgyrch nesaf. Oedd hi'n bosibl dyfeisio syniadau eraill a fyddai'n dal dychymyg ac yn codi brwdfrydedd yr aelodau?

RHOI WYNEB NEWYDD I'R URDD

Ffrind newydd i blant Cymru

'Un o uchafbwyntiau fy nghyfnod yng nghadair Cyfarwyddwr yr Urdd oedd dyfodiad Mistar Urdd i'n plith. Rhoddais fy nghefnogaeth frwdfrydig i Wynne pan gyflwynodd ei weledigaeth i ni, ei gydweithwyr, mewn cyfarfod yng Ngwersyll Llangrannog, gan danlinellu'r angen am ymgyrchoedd creadigol a chynhyrfus i sicrhau y byddai'r aelodau'n awyddus i uniaethu'n llawn â'r cymeriad hoffus a lliwgar yn yr arfaeth.'

J Cyril Hughes
Cyn-Gyfarwyddwr yr Urdd

ROEDD CYNHADLEDD STAFF YR Urdd yn cyfarfod yn Llangrannog ar Fedi'r 15ed a'r 16eg 1976 ac roedd sesiwn drafod ar yr agenda ar gynlluniau ar gyfer hyrwyddo'r Urdd. Roeddwn wedi cael fy rhagrybuddio am hyn ac y byddai disgwyl i mi gyfrannu.

Mae cyflwyno syniadau newydd yn aml yn gwneud i mi deimlo'n ddigon anghysurus, hyd yn oed heddiw wedi blynyddoedd o brofiad. Dyw pobol sy'n clywed y syniad o'r newydd ddim wastad yn gallu gweld y potensial llawn. Fe fydda i'n mynd yn ecseited dost am ryw syniad neu'i gilydd ond ambell dro mae ceisio cael pobol eraill i ymateb i'r un graddau yn gallu bod yn waith caled. Hwyrach mai nerfusrwydd ynof i sy'n gyfrifol am hyn a rhyw ofn na fyddan nhw'n ymateb yn bositif – ond dyna ni, gwerthu syniadau yw gwaith unrhyw un sy'n gweithio mewn PR.

Cyril Hughes oedd yn y gadair yn y Gynhadledd Staff ac wrth i mi sôn am yr angen i roi gwên ar wyneb bathodyn yr Urdd fe welodd Cyril yn syth beth oedd sgôp y syniad. Y nod oedd creu cymeriad allan o'r bathodyn a fyddai'n un bywiog a hapus, yn ffrind i bawb ac un y byddai pawb eisiau bod yn ffrind iddo. Fe geisiais i greu pictiwr o gymeriad a fyddai'n cynrychioli'r Urdd yn ei holl agweddau. Byddai'n fywiog, direidus a hyd yn oed yn ddrygionus ac yn gwneud llawer iawn mwy nag adrodd neu ganu cerdd dant. Y nod oedd rhoi bywyd newydd yn yr Urdd a chyflwyno'r mudiad fel un eang ei apêl, yn cynnig cyfle i bawb ac yn ddeinamig ei natur, mudiad y byddai'r plant a'r bobl ifanc yn ysu am fod yn rhan ohono. Byddai'r cymeriad hwn yn ffrind i blant beth bynnag eu cefndir cymdeithasol, ieithyddol a diwylliannol.

Roedd y mudiad yn dal i geisio ailadeiladu wedi argyfwng yr Arwisgo yn '69 a gwelwyd arwyddion fod pethau'n gwella. Bu *Urdd 74* a'r Ras Falŵns yn llwyddiannus ac yn gyfrwng i godi ysbryd y mudiad ac yn hwb i'n hyder ni i symud ymlaen ond roedd angen rhywbeth llawer mwy. Roedd yna bellach ddisgwyl ymlaen ymhlith yr Adrannau a'r Aelwydydd am rywbeth newydd. Dywedodd rhywun bod angen 'blockbuster' o syniad ar y mudiad. Byddai'r ymgyrch hon hefyd yn cynnig cyfle i ddatblygu adain fusnes o fewn y mudiad. Gellid gwneud llawer iawn o'r gwaith argraffu yn fewnol ond roedd angen buddsoddi mewn adnoddau er mwyn medru argraffu ar nwyddau megis crysau-T a beiros. Yn nes ymlaen wedyn gallai ddod yn gymeriad cartŵn mewn cylchgrawn, a beth am gyfrwng teledu? Awgrymwyd wedyn y gallai ddod yn gymeriad byw fel *Mickey Mouse*.

Dywedodd Cyril ei fod wedi darllen mewn rhyw gylchgrawn mai tair blynedd yw oes cymeriad fel hyn cyn i'r farchnad flino arno. Doeddwn i prin yn gallu meddwl yn nhermau blwyddyn hyd yn oed o feddwl am yr holl bethau roedd angen eu gwneud er mwyn cynnal yr ymgyrch am ddeuddeg mis. Cafwyd ymateb cadarnhaol iawn a gofynnwyd y cwestiwn ynglŷn â'i enw. Roedd hynny'n syml meddwn. 'Ei enw yw Mistar Urdd'.

Doedd hyn ddim wrth fodd pawb, wrth gwrs, ac mewn sgwrs anffurfiol wedi cinio yn y gwersyll disgrifiodd un o'r cwmni'r syniad fel *non starter* gan ychwanegu bod pethau'n go ddrwg os oedd dyfodol y mudiad yn dibynnu ar gonc. Ond am fod ymateb y mwyafrif llethol mor bositif roeddwn wedi fy nghyffroi'n llwyr a gallwn deimlo fy nhu mewn yn gyffro i gyd. Byddai hwn yn gynllun cynhyrfus iawn i ni fod yn gysylltiedig ag e ond roedd e hefyd yn mynd i olygu troi pob carreg a datblygu mewn meysydd nad oedd gan yr Urdd na ni fel unigolion ddim profiad ohonynt ond, ar y llaw arall, doedd dim dyfodol wrth sefyll yn yr unfan.

Ynghanol yr holl fwrlwm yn y gwaith roedd mis Hydref

1976 yn garreg filltir yn ein teulu ni gyda dyfodiad Meleri Wyn (Mel Wyn). Roedd gennyf bellach aelod arall o'r tîm a byddai modd i mi o fewn ychydig amser weld sut roedd plentyn bach yn ymateb i syniadau gwahanol ac o oedran ifanc iawn bu Meleri'n ffon fesur i mi wrth chwilio am y syniad nesaf.

Roedd angen misoedd lawer o waith cynllunio, paratoi a threfnu ond, yn y diwedd, fe lwyddwyd i gael y cyfan i fwcwl ar gyfer lansio Mistar Urdd ar Fai 10fed 1977. Penderfynwyd rhedeg hysbyseb flasu – *teaser* – ar dudalen flaen *Y Cymro* am dair wythnos a'r cyntaf yn dangos ymyl coes a llaw Mistar Urdd â'r geiriad 'Cnoc Cnoc. Pwy sy na?' a'r ail yn dangos ychydig yn fwy o'r cymeriad â'r geiriad 'Pwy sy'n dŵad dros y Bryn?' ac yna, datgelu yn yr hysbyseb olaf, y cymeriad yn llawn. 'Dyna fo Mistar Urdd Wedi Cyrraedd' oedd pennawd tudalen flaen y papur, ynghyd â llun o Nesta Wyn Jones Porthaethwy, Brenhines yr Urdd 1976–77, yn gwisgo un o grysau-T Mistar Urdd. Rhoddwyd sylw helaeth yn y rhifyn hefyd i ddatblygiadau Gwasg yr Urdd ar gyfer argraffu'r ddelwedd ar y nwyddau.

O fewn tair wythnos, yn rhifyn 31 Mai 1977, roedd llun o Mistar Urdd o waith Janet Marie Lewis, Ysgol Gynradd Gwyddelwern, a hithau ond yn saith oed ar dudalen Clwb y Plant a'r wythnos ganlynol cyhoeddwyd llun o ddisgyblion Ysgol Rhydypennau, Ceredigion, a hwythau wedi paentio llun o Mistar Urdd ar ffenest yr ysgol. Fe ddechreuodd y belen eira rowlio ac fe barhaodd yng nghylchgronau'r Urdd, mewn cystadlaethau, mewn gwyliau ac eisteddfodau ac ar furiau ysgolion gan gynnwys Coleg yr Andes ym Mhatagonia.

DECHRAU DIWYDIANT

Bod ar flaen y farchnad

'Drych bach crwn gwyrdd golau ges i, gyda llun Mistar Urdd ar ei gefn.
Rwy'n cofio bod yn gyffro i gyd yn ei roi yn fy mag ymolchi ar y ffordd i
Langrannog… yn meddwl fy mod wedi tyfu i fyny.
Dwi ddim yn meddwl i mi ei ddefnyddio yno unwaith!'

Efa Gruffudd Jones
Prif Weithredwr yr Urdd

ROEDD SELAR SWYDDFA'R URDD fel bola buwch. Prin fod modd mynd i mewn i'r tywyllwch am fod yno filoedd lawer o hen flociau a ddefnyddiwyd i argraffu cylchgronau'r Urdd yn cael eu storio yno. Dyma'r blociau a ddefnyddiwyd dan yr hen system argraffu *letterpress* ar gyfer atgynhyrchu lluniau. Roedd olion hen rifynnau o *Cymru'r Plant, Cymru, Cymraeg* a *Blodau'r Ffair* ac Adroddiadau Blynyddol yn tagu'r lle.

Nawr, roedd angen y lle ar gyfer creu gwasg yr Urdd a dyma ddechrau clirio creiriau'r gorffennol. Wrth i mi gychwyn yn fy swydd newydd roedd datblygiad arwyddocaol wedi digwydd pan apwyntiwyd Selwyn Jones yn Argraffydd yr Urdd. Bachgen ifanc o Abercegyr oedd Selwyn, a chymeriad lliwgar â'i Gymraeg yn llond ceg o dafodiaith Sir Drefaldwyn. Roedd angen iddo gael hyfforddiant ac er bod y peiriant argraffu *offset litho* yn cyfyngu ar yr hyn y gellid ei gyflawni roedd y disgwyliadau'n fawr ac roedd y peiriant wedi gwasanaethu gwasg Y Lolfa yn dda dros sawl blwyddyn. Bu'r ddau ohonon ni wrthi'n cael cryn hwyl yn gweithio gyda'n gilydd ac er bod Selwyn ar y gorau yn gallu bod yn fyr ei amynedd pan fyddai pethau'n mynd o chwith roedd wastad digon o chwerthin a jôcs i'n cynnal ni trwy bob helynt. Roedden ni'n dau'n gallu cydweithio'n dda ac yn benderfynol hefyd o droi'r hwyl yn fenter fasnachol lwyddiannus.

O fewn dim o amser roedd gennyn ni beiriant ychwanegol a hwnnw'n gallu argraffu drwy ddull sgrin sidan i'n galluogi i osod delweddau ar grysau a nwyddau gwahanol. Buddsoddwyd hefyd mewn teclyn mawr i sychu'r nwyddau ar ôl eu hargraffu. Rhyw glambar o beth oedd y sychwr, yn debyg i ddeg ffrâm wely, un ar ben y llall, ond fe'n galluogai i osod allan y cynnyrch i sychu'r inc gwlyb – roedd yn cyfateb i ddeg bwrdd a'r rheiny ond yn cymryd lle un. Dyfais ddelfrydol ar gyfer lle cyfyng iawn. Cymaint, yn wir, oedd y prysurdeb yn y selar fel y bu'n rhaid cyflogi person arall maes o law a dyna pryd yr ymunodd Hywel Davies, o Lanon, Ceredigion, â ni. Erbyn hyn mae Hywel yn rheolwr cwmni trydan llwyddiannus yn y Canolbarth.

Daeth yn hysbys i ni ymhen ychydig amser bod Selwyn yn caru gyda Neli Jones, ysgrifenyddes ariannol yr Urdd, a chyn bo hir cynhaliwyd eu priodas yng nghapel Rhydfendigaid. Mae'r ddau wedi cynnal bywyd cymdeithasol a diwylliannol y Bont dros y blynyddoedd a Sioned Fflur, eu merch ieuengaf, yw Swyddog Datblygu presennol yr Urdd yn Sir Gaerfyrddin.

Roedd yn rhaid dysgu wrth fynd ymlaen, a hynny'n aml oddi wrth ein camgymeriadau gan fod galw mawr am ein cynnyrch a hynny'n ein gyrru ymlaen. Un broblem oedd bod angen dylunio pob dim cyn gallu argraffu. Ymhen amser bu'n rhaid cyflogi tîm o ddylunwyr yn eu tro, yn cynnwys Wyn ap Gwilym, Meirion Wyn Jones, Ceri Jones, Roger Jones, Aled Sam ac Ann Evans.

Roedd yna hefyd agwedd arall i'r gwaith. A'r peiriannau bellach yn eu lle roedd angen chwilio am syniadau ar gyfer nwyddau gwahanol i ni argraffu Mistar Urdd arnyn nhw. Wedi dethol y deunydd mwyaf addas roedd yn rhaid mynd ati i sicrhau cyflenwadau o nwyddau. Bu chwilio am syniadau ar gyfer y nwyddau yn waith diddorol iawn ac wedyn roedd angen dod o hyd i nifer dda o gyflenwyr. Y man cychwyn i mi oedd warws yng Nghaerdydd o'r enw M A Rapport & Co Ltd. Roedd hwn yn gwmni teuluol o frid arbennig lle'r oedd pawb wedi eu mowldio yn yr hen werthoedd. Fe'i sylfaenwyd yng Nghaerdydd yn 1898 fel gwneuthurwyr clociau a watsys gan Maurice Rapport ac roedd ei ddisgynyddion yn dal wrthi, yn eu siwtiau brethyn, yn masnachu unrhyw beth oedd yn bosibl ei werthu.

Yr oeddwn wedi dechrau prynu yno ar gyfer y gwersylloedd, ac ymgyrchoedd fel *Urdd 74* a'r Ras Falŵns ac wedi sylweddoli, dim ond i mi roi syniad iddynt, y bydden nhw'n gallu dod o hyd i'r cynnyrch beth bynnag y byddwn yn chwilio amdano. Roedd ein harchebion sylweddol wedi creu argraff ar y cwmni ac wedi plesio'r penaethiaid a byddwn yn cael fy nhrin fel brenin yn ystod fy ymweliadau â'r warws enfawr yng Nghaerdydd. Mr Anthony oedd fy mhrif gyswllt ond Mr Cecil oedd y pen bandit, gŵr bonheddig iawn. Byddai'r fenyw wrth y ddesg wastad yn rhoi gwybod yn syth i Mr Cecil fy mod yno ac yn ddi-ffael byddai'n fy nhywys i mewn i swyddfa'r Rheolwr Gyfarwyddwr i gael sgwrs bersonol a phaned o de mewn cwpan tsieina wrth fwrdd mahogani'r Cyfarwyddwyr. Roeddent yn gwybod, dim ond i mi groesi'r trothwy, fy mod yn cynrychioli marchnad o 50,000 o blant a phobol ifanc ac y byddai hynny'n esgor ar fusnes da i goffrau'r cwmni. Yno byddwn yn prynu llyfrau llofnodion, pyrsiau a gwaledau, bathodynnau, beiros a balŵns, a'r rheiny wrth y miloedd. Roeddwn yn gyson yn chwilio am syniadau a nwyddau newydd. Fel rhywun â *buying power* gallwn fargeinio â nhw, i bwynt, ac ymhen peth amser fe wyddwn pan oeddwn ar gyrraedd y ffin anweledig honno cyn i mi fynd yn rhy bell. Byddai archebion yr Urdd yn sylweddol uwch o ran niferoedd nag archebion eu cwsmeriaid arferol ac roedden nhw'n ddigon hyddysg mewn busnes i ystyried hynny cyn penderfynu ar y pris terfynol.

Stori wahanol iawn oedd ein teithiau cyson i Lundain i chwilio am ddillad i argraffu arnyn nhw. Byddem yn teithio i'r ddinas fawr mewn ceir. Fel rheol byddwn yn mynd ar y siwrnai hon yng nghwmni John Japheth, Crinc neu Selwyn Evans – tri chreadur lliwgar oedd yn siŵr o sicrhau digon o hwyl ar y daith. Yn ddieithriad byddem yn aros yng ngwesty'r Regent's Pallace yn

Piccadilly, y cyrchfan poblogaidd i Gymry yn Llundain yr adeg honno, ac yn cael cwmni difyr yr hoffus Geraint Howells, AS Ceredigion, gyda'r nos. Yno roedd yr Aelod dros Geredigion yn cartrefu o ddydd Llun tan ddydd Iau a bob amser wrth ei fodd yn cadw cwmni i Gardis yn Llundain. Roedd yn ddigon craff i sylweddoli y byddai'r rheiny, wedi noson ddifyr yn ei gwmni, yn debyg o gofio amdano o weld ei enw ar y papur pleidleisio y tro nesa.

Doedd Llundain ddim yn gwbwl ddieithr i mi am i ni fel teulu ymweld yn aml ym mis Awst pan fyddai fy nhad yn gennad cyson ym mhulpudau capeli Cymraeg Llundain, yn enwedig Capel Jewin, 'eglwys gadeiriol' yr Hen Gorff yn y Metropolis. Roedd y cyhoeddiadau hyn yn deillio i raddau helaeth oherwydd cysylltiadau niferus Tregaron yn Llundain y cyfnod hwnnw, yn arbennig yn y diwydiant dosbarthu llaeth. Un o hoelion wyth cymuned y Cymry yn Llundain oedd Evan Evans, ac yn ei westy Y Celtic yn Russel Square y byddem yn aros. Roedd Evan Evans yn un o'r enghreifftiau gorau o blant y wlad a deithiodd i Lundain yn fachgen ifanc tlawd o berfeddion cefn gwlad Ceredigion gan wneud ei farc yn y byd busnes. Cychwynnodd nifer o fentrau gan gynnwys cwmni bysys llwyddiannus i gludo ymwelwyr, yn arbennig Americanwyr, o gwmpas safleoedd treftadaeth Lloegr fel Stratford, Warwick a Chaergaint. Daeth y gŵr talsyth a diwylliedig hwn i fri hefyd ym mywyd cyhoeddus Llundain, ym myd llywodraeth leol pan etholwyd ef yn Faer un o fwrdeistrefi Llundain, ac roedd yn ben blaenor yng Nghapel Jewin. Meddyliais droeon, flynyddoedd yn ddiweddarach, y byddai Evan Evans wedi bod yn gymar busnes gwerthfawr wrth i mi haglo â gwŷr busnes corneli tywyll dwyrain Llundain. Prin yw'r Cymry a aeth o Geredigion yn y cyfnod hwnnw a dychwelyd adref yn dlawd, ond llond llaw yn unig a lwyddodd i gyrraedd yr

un statws cymdeithasol ag Evan Evans. Mae'n dda gweld
disgynyddion Evan Evans bellach 'nôl yn Nhregaron ac
yn flaenllaw ym myd busnes Ceredigion ac mae siop
ardderchog Rhiannon ar sgwâr Tregaron yn symbol
gweladwy o anian busnes y teulu.

Yn ystod y dydd byddem yn teithio ar y tiwb i lawr
i'r East End er mwyn chwilio am y marsiandwyr oedd
yn mewnforio dillad rhad, o safon dda. Arabiaid ac
Asiaid oedd llawer ohonynt ac yn aml roedd yn rhaid
curo ar ddrws cyn cael mynediad i mewn i'r warws. Un
o'r cwmnïau hyn oedd Sami Salim. Yno, byddai stoc
sylweddol iawn hyd at y to mewn bocsys cardbord neu
barseli mawr wedi eu rhwymo mewn sachliain. Chwilio
yn bennaf roeddem ni am gyflenwadau o grysau-T a
chrysau chwys a chapiau a hetiau a chotiau ysgafn. Unig
ddiddordeb y dynion busnes hyn oedd symud y stoc
yn gyflym a hynny am arian parod. Yr ymateb cyntaf
fel rheol, o roi syniad beth fyddai maint ein harcheb
a dechrau trafod pris, oedd i un ohonyn nhw weiddi'n
uchel 'Show me money ... show me money'. Roeddwn
wedi dysgu tipyn erbyn hyn o'r ymweliadau cynt. Byddai
Elsi Williams, Pennaeth Ariannol yr Urdd (yr aelod
cyntaf erioed o staff yr Urdd), yn rhoi arian parod i mi
cyn cychwyn ar ein taith. Fel rheol roedd gennyf £3,000
o arian parod yn fy mhoced, arian mawr iawn y pryd
hynny, a heddiw hefyd o ran hynny, a hyd y gwn i, ni
ymddiriedwyd mewn neb erioed o'r blaen â chymaint o
arian prin yr Urdd. O glywed 'Show me money' roedd yn
rhaid dangos rhywfaint ac roeddwn wedi tynnu £100 o'r
bwndel arian yn barod i'w ddatgelu. Cyn i mi dynnu fy
llaw allan o'm poced bron roedd hatsh yn agor yn y to a'r
bocsys yn dod i lawr y shŵt, un ar ôl y llall, ac yn disgyn
wrth ein traed.

Yr unig ffordd ymarferol wedyn oedd cludo'r stoc yn ôl

mewn tacsis i westy'r Regent's Pallace yn Piccadilly, lan y lifft â'r bocsys un ar ben y llall gan lenwi fy stafell wely. Y bore wedyn y dasg oedd eu llwytho i mewn i'r ceir er mwyn cludo'r deunydd crai yn ôl i gadw'r staff yn brysur yn selar Swyddfa'r Urdd yn Aberystwyth.

Cyn gadael Llundain byddwn yn gwneud pwynt o alw yn siop deganau enwoca'r ddinas, *Hamleys* yn Regent Street, er mwyn gweld beth oedd y gimics diweddaraf. Prif reswm yr ymweliadau hyn oedd i ni gael syniad o beth fyddai'r cynnyrch poblogaidd yn siopau Cymru rai misoedd yn ddiweddarach. Roedd yna fwlch amser rhwng ffasiwn Llundain heddiw a siopau Cymru yfory, ac mae hynny'n dal yn wir er nad i'r un graddau erbyn hyn. Roedd yr ymweliadau hyn yn ein galluogi i fod ar flaen y farchnad yng Nghymru.

CYNHYRCHU YNG NGHYMRU

Syniadau! Syniadau! Syniadau!

'Fe gysges i gyda Mistar Urdd am flynyddoedd maith – y gonc a fi'n ffrindie mawr. Nawr mae'r plant yn gweud bod e'n sglefrfyrddio a chwbwl – ffantastig am ei oedran!'

Betsan Powys
Golygydd Gwleidyddol BBC Cymru

ELFEN SYLFAENOL O FREUDDWYD Mistar Urdd oedd
sicrhau, pan fyddai hynny'n bosibl, bod nwyddau
yn cael eu cynhyrchu yng Nghymru. Roedd hynny'n
anodd, os nad yn amhosibl, gyda'r nwyddau rhataf am
nad oedd modd i'r cwmnïau Cymreig gystadlu ar sail pris
â'r cwmnïau oedd yn mewnforio cynnyrch o wledydd y
Dwyrain.

Yn ystod y cyfnod hwnnw roedd yna bwyslais ar
ddatblygu'r diwydiant crefftau yng Nghymru ac roedd
Cyngor Crefftau Cymru wedi ei sefydlu er mwyn cefnogi
a hybu'r cwmnïau oedd yn cynhyrchu crefftau a nwyddau
unigryw, yn aml o waith llaw. Byddai modd gweld
cynnyrch y sector hon mewn ffeiriau crefftau a drefnid
yn Llanfair ym Muallt a Llandudno. Y bwriad oedd
datblygu'r cwmnïau crefft i fanteisio'n well ar y farchnad
dwristiaeth oedd yn tyfu'n gyflym yng Nghymru yn ystod
y saithdegau. Y broblem, o ddelio â llawer o'r rhain, oedd
mai cwmnïau bach iawn oedden nhw bron bob un ac nad
oedd modd iddynt sicrhau cyflenwadau cyson. I lawer o'r
crefftwyr roedd cynhyrchu'r nwyddau yn bwysicach na'u
marchnata.

Daeth yn amlwg i ni, os oeddem am sicrhau nwyddau
Cymreig, mai'r ffordd ymlaen oedd canolbwyntio ar
ddatblygu nwyddau mwy arbenigol gan gynhyrchwyr
yng Nghymru. Roedd y Sioe Amaethyddol yn Llanelwedd
yn gyfle da i ddarganfod beth oedd yn bosibl ac i weld
beth oedd ansawdd y cynnyrch ynghyd â'r cwmnïau
Cymreig oedd yn bodoli gyda llawer ohonynt â stondinau
yn ardal y masnachwyr ar faes y sioe. Adeg y sioe yn
y cyfnod hwnnw byddwn fel rheol yn aros gyda Dylan
Evans, brodor o'r Bala a Threfnydd yr Urdd yn Sir
Frycheiniog oedd yn byw mewn tŷ pren yng nghanol
cefn gwlad Powys, y tu fas i bentref Llanddew ar gyrion
Aberhonddu. Dyna fantais gweithio i'r Urdd – roedd

cysylltiadau gennyf ym mhob rhan o'r wlad.

Yno yn y sioe y deuthum ar draws Wendy Davies a'i ffrind Shirley. Roedd Wendy wedi sefydlu cwmni yn 1969 o'r enw Country Love yn ei chartref ym Mhowys er mwyn cynhyrchu teganau meddal yn seiliedig ar anifeiliaid gwyllt yr ardal: moch daear, cwningod, gwiwerod, llygod ac ati. Eisoes roedd hi'n cyflenwi siopau lleol yn ogystal â WWF, Liberty's yn Llundain a Maces (UDA). Roedd safon y cynnyrch yn eithriadol o uchel a gofynnais iddi greu sampl o Mistar Urdd er mwyn i ni gael gweld beth oedd y posibiliadau. Ymhen y mis roeddwn ar y ffordd i Lloyney ger Trefyclo, er mwyn trafod ymhellach. Pan gyrhaeddais yno ar fy ymweliad cyntaf â Fferm y Felin ynghanol y pentre bychan ac o fewn golwg i olion Clawdd Offa, roedd nifer o garafannau statig ar glôs y fferm. Roedd y carafannau wedi eu troi yn weithdai a merched ifanc a gwragedd ffermydd yr ardal wrthi fel lladd nadredd yn gwnïo a stwffio'r anifeiliaid roeddwn wedi eu gweld ar y stondin yn y Royal Welsh.

Pan ddangoswyd y sampl o gonc (tegan medal) Mistar Urdd i mi roeddwn wedi fy mhlesio'n fawr iawn. Roedd yn well na'r disgwyl ac roedd ansawdd y defnydd a'r gwaith pwytho o'r safon gorau. John, bòs y fferm a gŵr Wendy, oedd wedi gwneud y templedi allan o bapur newydd ac roedd wedi dyfeisio ffordd o dorri'r ffelt ar gyfer dwylo a thraed y gonc trwy ddefnyddio peiriant gwasgu esgidiau. Rhoddais archeb yn syth am hanner cant ohonynt ac ar y ffordd yn ôl i Aberystwyth bûm yn llunio rhestr yn fy meddwl o bwy fyddai'n barod i dalu £5 am degan meddal safonol o Mistar Urdd. Roeddwn yn siŵr y gallwn werthu 35 a'r sialens wedyn oedd gwaredu'r 15 arall. O fewn yr wythnos derbyniais fersiwn llai o faint a fyddai'n gwerthu am bris rhatach a rhoddais archeb am 100 o'r rheiny.

Roedd yr archebion cyntaf i gyd wedi'u gwerthu o

fewn dyddiau ac o fewn dim amser roeddwn yn teithio'n gyson i Lloyney mewn car gwag ar fy mhen fy hun ac yn dychwelyd wedi sicrhau digon o gwmni gyda chynifer o Mistar Urdd ag y medrwn eu stwffio i mewn i'r car. Awgrymodd Wendy yn fuan wedyn y gallai gynhyrchu fersiwn llai fyth ar lastig a fyddai'n rhatach eto ac yn addas i'w hongian o ddrych ffenest flaen car a hwnnw a ddatblygodd fel y fersiwn mwyaf poblogaidd o bell ffordd gan werthu'r adeg honno am £1.

Un noson roeddwn yn eistedd yng nghegin Fferm y Felin ac yn rhannu swper gyda'r teulu a'r sgwrs a'r cwmni'n ddifyr. Bu bron i Wendy dagu, a hithau'n bwyta wy ar dost wrth i mi dorri'r newydd fod gennyf archeb newydd iddi hi am 16,000 o goncs.

Roeddwn wedi rhag-weld o'r cychwyn bod Mistar Urdd yn benthyg ei hun ar gyfer tegan meddal ond ychydig a feddyliais yn y dyddiau cynnar hynny beth fyddai llwyddiant y tegan yn ei olygu i ardal Lloyney. O fewn dim roedd y cwmni bach yn cyflogi 16 o wragedd yn ogystal â'r teulu'n helpu a'r plant yn well na neb am stwffio'r goncs. Prin iawn oedd y cyfleoedd i gael swydd yn yr ardal a byddai gweithio yn y Felin yn ddi-gost; yn wir byddai llawer ohonynt yn gallu cerdded i'r gwaith yn eu dillad bob dydd. Roedd yna agwedd gymdeithasol bwysig i'r gwaith a byddai'r merched yn eu tro yn coginio cacennau a tharts ac yn eu rhannu ymysg ei gilydd amser cinio. Onid oedd *impact* economaidd hyn ar bentref bychan diarffordd ym Mhowys i'w gymharu â chyflogaeth Corus mewn tref fel Port Talbot? Roedd busnes Wendy Davies yn enghraifft dda o'r hyn y gall ysbryd menter arloesol, dyfeisgarwch a chymuned iach eu cyflawni mewn ardal wledig.

Enghraifft arall o ddyfeisgarwch oedd yr hyn a ddatblygodd yn ardal Tal-y-bont yng Ngheredigion.

Roedd gan Medi James ddoniau artistig eithriadol ac roedd yn cynllunio ac yn gwnïo ei dillad ei hun yn ogystal ag eitemau meddal i'r cartref. Datblygwyd y syniad o greu crysau nos a chapiau nos Mistar Urdd a chael merched yr ardal i wnïo yn eu cartrefi. Byddwn yn prynu rholiau cyfan o ddefnydd streipiog yng Nghaerdydd a'u trosglwyddo i Medi a byddai hithau'n rheoli'r gwaith ac yn trefnu'r tîm. Byddai Mistar Urdd wedyn yn cael ei argraffu ar bob eitem ar beiriant sgrin sidan a'u pacio yn Swyddfa'r Urdd.

Wrth gerdded ar hyd Stryd Albany yng Nghaerdydd y deuthum ar draws busnes bychan ond diddorol iawn mewn siop a gweithdy-un-stafell o'r enw Mister Natural. Yno roedd Dave Dalton yn cynhyrchu nwyddau allan o ledr ac wedi i mi gyflwyno Mistar Urdd iddo dyma ddechrau trafod busnes. Yna, ar ôl cael syniadau ganddo, rhoddais archeb am fathodynnau, breichledau, modrwyau allweddi a nifer o fanion eraill. Roedd y lledr yn amryliw a'r cyfan yn waith llaw artistig o safon. Bu mynd mawr ar y nwyddau hyn ac roeddwn mewn cysylltiad yn aml i gasglu cyflenwadau. Wedi hynny dôi Mister Natural â'i stondin yn gyson i Eisteddfod Genedlaethol yr Urdd a'r Eisteddfod Genedlaethol a datblygodd batrymau mewn arddull Geltaidd ar ledr ar gyfer eu gwerthu yn y gwyliau hynny. Er cymaint o werthu roedd ar nwyddau lledr Mistar Urdd chefais i erioed yr argraff bod Dave yn gwneud rhyw ffortiwn mas o'r busnes er hwyrach ei fod yn dod o linach hen ffermwyr cefn gwlad Ceredigion.

Roedd yna fynd mawr ar fathodynnau yn y cyfnod hwnnw. Daeth y syniad wedyn i brynu peiriant bach i wneud bathodynnau a'n galluogi i ehangu amrywiaeth y bathodynnau, gan gynnwys enwau plant, ac roedd hefyd yn golygu ein bod, yn ogystal, yn medru cynhyrchu bathodyn personol ac yn wir roedd modd i'r plant gynllunio eu bathodyn eu hunain.

Bu yna ymgais i ddatblygu eitemau bwyd i'w gwerthu ond profodd hyn yn reit anodd. Doedd y diwydiant bwyd yng Nghymru bryd hynny ddim yn cael ei gydlynu i'r graddau y mae erbyn hyn. Llwyddwyd i werthu roc a lolipops Mistar Urdd a gynhyrchid gan gwmni Roc Pwllheli a bu Dwysli Jones, Dole, yn derbyn archebion i goginio cacennau ar gyfer partïon pen-blwydd ac achlysuron arbennig. Hyd y gwn i fuodd na erioed gacen priodas Mistar Urdd.

HEI MISTAR URDD

Ray Gravell a'i ffrind gorau

'Trwy ganu y cwrddes i gynta â Ray Gravell, pan o'n i'n cyfansoddi caneuon i Mistar Urdd yn niwedd y 70au. Cafodd Wynne Melville Jones y syniad ysbrydoledig o gael Ray i ganu cân fel rhan o'r ymgyrch, a dyma ddechrau partneriaeth gerddorol mwyaf annhebygol – a mwyaf pleserus – 'y ngyrfa i. Doedd Ray ddim yn Pavarotti, nac yn Dafydd Iwan o ran hynny, ond roedd yn ganwr cryf a brwdfrydig ac fel popeth arall yn ei fywyd, fe roddodd ei enaid i mewn yn y prosiect.

Do'n i, ddim mwy na neb arall, yn disgwyl iddo fe weithio, ond fe 'nath e, ac yn sgil y record daeth gwahoddiadau i ganu ledled y wlad a chawson ni lot fawr o hwyl ar y ffordd.'

Geraint Davies
Cyfansoddwr caneuon Mistar Urdd

ROEDD Y DIWYLLIANT CANU pop Cymraeg yn ei anterth yn y saithdegau a nifer o gynngherddau a gwyliau mawr yn cael eu cynnal mewn canolfannau megis Pontrhydfendigaid a Chorwen. Sefydlwyd cwmni recordiau Sain ym 1969 ac roedd y cwmni wedi ennill ei blwy ac wedi dod yn gyfrwng effeithiol i hyrwyddo'r diwylliant ymhellach a hynny'n cael ei gefnogi wedyn gan gynnydd yn y ddarpariaeth Gymraeg ar y radio. Tyfodd canu pop Cymraeg yn rym poblogaidd a dylanwadol.

Nodwedd amlwg o'r diwylliant hwn oedd bod y mudiadau protest wedi dod o hyd i lwyfan newydd. Cyfansoddwyd llifeiriant o ganeuon yn protestio am y rhyfel yn Fietnam, apartheid a gormes ar hawliau dynol ledled y byd. Cafodd y materion hyn eu hadlewyrchu hefyd yn y Gymraeg, yn arbennig yng nghaneuon Dafydd Iwan a Huw Jones ac eraill. Roedd nifer o'r caneuon yn deillio o Wersyll Glan-llyn a gweithgareddau eraill yr Urdd megis nosweithiau llawen a'r eisteddfodau. Prif bwyslais llawer o'r caneuon Cymraeg oedd mynegi pryder am statws a dyfodol yr iaith a'r diwylliant Cymraeg.

Gan fod yr Urdd yn cael ei ystyried yn grud y byd canu ysgafn Cymraeg roedd yn naturiol ein bod yn awyddus, fel rhan o ymgyrch Mistar Urdd, i ryddhau cân newydd boblogaidd. Ble roedd dyn yn cychwyn ar hyn? Roeddwn wedi magu peth profiad yn y maes pan ryddhawyd record o gân a oedd yn nodwedd amlwg o ffilm Wil Aaron, *Dyma'r Urdd*. Recordiwyd y gân hon gan Edward H Dafis, un o'r bandiau mwyaf poblogaidd yn y Gymraeg, os nad y gorau erioed. Y prif leisydd oedd Cleif Harpwood ac fe ddaeth y gân 'Jên' yn boblogaidd iawn. Roedd y record hefyd yn cynnwys 'Braf' gan Dewi Pws, darn offerynnol 'Hedfan' gan Hefin Elis ac un o ganeuon poblogaidd y plant, 'Gwersyll Llangrannog' (hip pip hwrê). Hwn oedd fy ymgais gyntaf erioed i ddylunio clawr record. Daeth yn amlwg o fewn ychydig amser bod cyhoeddi'r record yn gymorth mawr i boblogeiddio'r ffilm a bod un peth yn cefnogi'r llall er mwyn hyrwyddo'r Urdd.

Gyda gwersi wedi eu dysgu roedd angen symud ar frys i greu cân newydd a'r cam cyntaf oedd dod o hyd i gyfansoddwr, ac fel y stori am y crwt ifanc yn mynd i'r cae i gasglu cerrig ac yn gofyn, 'Ble dwi fod dechre?' – a'r ffermwr yn ateb, 'dechre wrth dy draed'. Doedd dim angen i mi edrych ymhellach na Swyddfa'r Urdd yn Aberystwyth. Roedd Elvey MacDonald (Mistar Patagonia), Pennaeth Adran yr Eisteddfod, wedi cael dirprwy i'w gynorthwyo yn yr adran. Roedd Geraint Davies eisoes wedi dod i amlygrwydd fel aelod o'r grŵp Hergest a Ac Eraill a gwyddwn ei fod nid yn unig â diddordeb yn y maes ond bod ganddo ddawn neilltuol fel cyfansoddwr. Gyda'i wallt hir, ei farf a'i ddillad denim glas roedd hefyd yn edrych y part fel cyfansoddwr cerddoriaeth bop.

Doedd dim rhaid i mi aros yn hir ar ôl gofyn iddo am ei help cyn derbyn tâp o'r gân newydd. Roedd yr alaw yn afaelgar a'r geiriau'n syml ac yn cydio yn y cof ar ôl ei chlywed dim ond unwaith yn unig. Fe aeth Geraint ati'n ddi-oed i gasglu criw o gerddorion i'w gefnogi er mwyn ein galluogi i symud ymlaen. Trefnwyd y sesiwn recordio ar Fawrth 8fed 1977 yn hen stiwdios y BBC yn Broadway, Caerdydd, gydag Emyr Wyn (Bilidowcar) yn canu, Geraint ei hun ar y gitâr, Hywel Gwynfryn ar y drymiau ac Alun Thomas ar y bas. Er na roddwyd clod iddynt ar y pryd roedd Elwyn Jôs hefyd yn canu'r piano gyda phlant Ysgol Brynteg, Pen-y-bont, a disgyblion Ysgol Pont-y-gwaith yn canu'r gytgan. Ychydig a feddyliai'r criw yma y byddai'r gân yn cael ei chanu ledled Cymru am y deng mlynedd ar hugain nesaf. Mae'n siŵr bod Cân Mistar Urdd wedi cael ei chanu bron gymaint mewn ysgolion a gwersylloedd â 'Calon Lân' erbyn hyn a hynny gan ddegau o filoedd o blant dros sawl cenhedlaeth. Cefais innau gyfle i ddylunio fy ail glawr record.

Roedd y caneuon eraill ar y record yn cynnwys tair o ganeuon gwersyll o waith Gwyn W (Williams), athro brwdfrydig Ysgol Brynteg, Pen-y-bont ar Ogwr ac un o weithwyr dycnaf yr Urdd. Flynyddoedd yn ddiweddarach derbyniais gopi o record a wnaeth Gwyn W gyda disgyblion Brynteg ac arni bedair cân, gan gynnwys un gân sydd dros ben llestri, 'Diolch i Dadi Mistar Urdd'.

Bu cân Mistar Urdd yn hwb mawr o safbwynt poblogeiddio'r cymeriad yn y dyddiau cynnar yn ogystal â chyfrannu at ei hirhoedledd. Roedd bodolaeth cwmni Recordiau Sain gyda'i adnoddau proffesiynol ac artistig yn gymorth mawr iawn i fynd â neges Mistar Urdd i gynulleidfa eang, ac i roi sglein ar yr ymgyrch.

Prin iawn yw'r caneuon sy'n goroesi am gyfnod hir, yn enwedig dros dri degawd. Cymaint oedd poblogrwydd cân Mistar Urdd i'r grŵp Cic – Tara Bethan, Sara Elgan, Haydn Holden a Steffan Rhys Williams – wneud fersiwn newydd ohoni yn 2002, a hynny gydag offer llawer mwy soffistigedig na'r adnoddau mwy amrwd oedd gan y criw arloesol a aeth ati ym 1977.

Roedd angen dangos i aelodau'r Urdd bod yna enwogion yn ffrindiau i Mistar Urdd a dewiswyd sêr y bêl i gefnogi'r ymgyrch, y chwaraewr rygbi rhyngwladol Ray Gravell a Dai Davies, gôl-geidwad Cymru, dau Gymro Cymraeg balch. Trefnwyd lluniau ohonynt yn gwisgo crys Mistar Urdd a chynhyrchwyd posteri yn y dybiaeth y byddai traddodiad y ddwy gêm yng Nghymru yn golygu y byddai Dai'n gwerthu yn dda yn y Gogledd a Ray yn y De. Cawsom ein profi yn anghywir am i'r ddau werthu'n dda dros Gymru. Bu'r actores boblogaidd Nerys Hughes hefyd yn ffrind i Mistar Urdd

Daeth y syniad yn ddiweddarach i ryddhau record

arall gyda Ray Gravell ei hun yn canu cân newydd wedi ei chyfansoddi yn arbennig ar ei gyfer. Roedd Ray wedi dod yn un o'n chwaraewyr rygbi amlycaf a dyfnder ei argyhoeddiad a'i falchder gwladgarol yn treiddio ymhellach na'r rhelyw. Gwyddwn fod ganddo ddiddordeb mewn caneuon Cymraeg ac roedd wedi ymddangos ar lwyfan gyda Dafydd Iwan.

Soniais wrth Geraint am y syniad gan ofyn iddo am ei gymorth unwaith yn rhagor, 'Sgrifenna gân ar thema Mistar Urdd sy'n siwtio Ray Gravell achos Ray ei hunan sy'n mynd i ganu'r gân newydd'. Edrychoch Geraint arna i'n syn ond unwaith eto roedd y maestro yn ôl o fewn dyddiau gyda geiriau ac alaw newydd – 'Yfi a Mistar Urdd a'r Crysau Coch', cân a roddodd ysbrydoliaeth i deitl y gyfrol fach hon. Roedd wedi taro'r hoelen ar ei phen unwaith eto gydag alaw afaelgar arall a gallech dyngu mai Ray ei hun oedd wedi sgrifennu'r geiriau.

Y cam allweddol nesaf oedd cwrdd â Ray er mwyn gwerthu'r syniad iddo fe a'i berswadio i ganu'r gân ar record. Mae'r hanes hwn yn cael ei gofnodi yn y llyfr *Grav* gan Lyn Jones ac yn ddiweddarach yn *Grav – Yn ei Eiriau ei Hun*, gol. Alun Wyn Bevan:

> Ymylol iawn fu 'nghysylltiad â mudiad Urdd Gobaith Cymru pan o'n i'n ifanc; fy unig gysylltiad oedd tâl aelodaeth a mynd i'r cyfarfodydd a gynhelid yn yr ysgol. Dros y blynyddoedd, fe sylweddolais bwysigrwydd y mudiad i'r Gymru gyfoes, yn arbennig o ran yr elfen o adloniant oedd yn cael ei anelu at yr ifanc. Gwersylloedd yr Urdd yn Llangrannog a Glan-llyn oedd crud y canu pop o'r 1960au mlân a thrwy'r gwersylloedd hefyd y daeth nifer o bobl ifanc di-Gymraeg i gysylltiad â'r iaith am y tro cyntaf… ac mae hynny'r un mor wir am eisteddfode'r Urdd.
>
> Pan ofynnwyd i mi, felly, a wnawn i gyfrannu yn ymarferol i'r mudiad, ro'n i'n teimlo ei bod yn anrhydedd i fi gael gwneud,

ond pan awgrymodd Wynne Melville Jones, a oedd yn swyddog gyda'r mudiad ar y pryd, y dylwn i recordio cân ar gyfer lawnsio ymgyrch Mistar Urdd, ro'n i'n credu ei fod wedi colli ei synnwyr yn llwyr. Ond llwyddodd i 'mherswadio i, dros ginio yn Llanelli, y dylwn i dorri tir newydd ac fe dynnodd e gasét o'i boced gan ddweud, "Na ti, mae'r gân a'r geirie ar y tâp, dysga nhw, fe fyddwn ni'n recordio mewn tair wythnos. Mae Wynne Mel yn feistr ar y ddawn o berswadio, ac mae'r ddawn honno wedi ei hamlygu bellach drwy lwyddiant ei gwmni, StrataMatrix. Fe adawodd e fi yng Ngwesty'r Stepney yn dal tâp o gân o waith Geraint Davies yn fy llaw, a'i orchymyn ynte yn fy nghlustie...

Doeddwn i ddim yn adnabod Ray'n bersonol cyn i mi gysylltu ag e i drefnu tynnu ei lun yn gwisgo crys Mistar Urdd ond roedd wedi bod mor gefnogol ac mor barod i helpu fel roedd yn hawdd i mi ei ffonio i ofyn am gyfarfod i gael sgwrs ynglŷn â chanu'r gân. Daethom wedyn yn gyfeillion dros nos a phan fyddwn yn ei weld yn weddol gyson dros y blynyddoedd, mewn gwyliau cenedlaethol, adeg gêm, yng nghanolfan y BBC neu yn lle bynnag, byddai am i bawb oedd yno wybod mai canu cân Mistar Urdd roddodd iddo'r hyder i symud ymlaen i wneud rhywbeth yn ychwanegol at ei yrfa ar y maes rygbi.

Roedd gan Ray y ddawn brin honno i wneud i bawb deimlo'n gysurus yn ei gwmni ac roedd cynhesrwydd ei bersonoliaeth yn eich denu chi ato ac yn ei gwmni doedd dim byd arall yn cyfrif ond ei ddiddordeb ynoch chi. Ar y noson cyn i ni recordio daeth Ray i aros dros nos yn ein tŷ ni. Roedd yn hwyr yn cyrraedd ac yn hynod o bryderus ei fod wedi dal dos o annwyd ac na fyddai ei lais ar ei orau oni bai ei fod yn gallu cael gwared â'r salwch cyn y bore. Roedd hyn yn ofid mawr iddo gan ei fod wedi edrych ymlaen cymaint at y recordiad a doedd e ddim am ein gadael ni lawr, ac yn sicr doedd e ddim am siomi'r Urdd.

Cafodd ddos go lew o foddion cyn mynd i'r gwely! Yr un oedd y pryder amser brecwast. Tybed a fedrai ddod i ben ag adfer ei lais erbyn dechrau'r prynhawn? Bu'n rhaid i ni gychwyn yn syth wedi brecwast er mwyn teithio i'r gogledd i stiwdio Sain yng Ngwernafalau yn Llandwrog. Trefnwyd bod Ray yn mynd lan yn y car gyda Geraint Davies a mod innau yn dilyn ychydig yn hwyrach ond mewn pryd ar gyfer cael cinio gyda'n gilydd cyn y recordiad yng nghartref Dafydd Iwan yn Waunfawr. Roedd y gerddoriaeth gefndirol eisoes wedi ei recordio mlaen llaw, a'r hyn oedd yn bwysig nawr oedd sicrhau llais Ray ar y feinil plastig du.

Yng ngeiriau Ray ei hun:

... gyda'r cyrn gwrando am 'y mhen fe ges i lond bol o ofn pan ddaeth y cyfan i 'nghlustie gan fod y sŵn yn ddigon gwahanol i'r un y bues i'n ymarfer iddo oddi ar y casét. Roedd y cwbwl yn brofiad cynhyrfus o newydd i fi, ond rhaid i mi ddweud i mi fwynhau'r prynhawn i'r eitha ond, yn bwysicach, roedd pawb yn weddol hapus â'r cynnyrch gorffenedig.

Roedd Ray yn teithio adre gyda mi yn y car ac roedd yn bryderus iawn nad oedd ei berfformiad yr hyn a ddylai fod oherwydd bod effaith yr annwyd ar ei lais wedi amharu ar y record. Dywedais wrtho ein bod i gyd yn hapus iawn â'i berfformiad ac, wrth deithio trwy Fryncir a Phorthmadog, fe wnes i gadarnhau hynny fwy nag unwaith. Roeddwn yn meddwl fy mod wedi ei argyhoeddi yn Nolgellau na fyddem wedi dymuno gwell gan Pavarotti ei hun ond cododd y cwestiwn eto rhwng Corris Uchaf a Machynlleth a oedd e wedi canu'n ddigon da, ac erbyn cyrraedd Derwenlas daeth yr ansicrwydd i ben pan ddywedais wrtho fy mod yn meddwl bod Dafydd Iwan wedi ei blesio'n fawr gyda'r recordiad. Buom wedyn yn siarad am rygbi hyd nes cyrraedd Llanfihangel Genau'r Glyn.

Un annwyl iawn oedd Ray ac yn berson calon-dyner iawn a chafodd ei frifo rai blynyddoedd wedi'r recordiad pan oedd yn canu gyda Dafydd Iwan yn nhafarn yr Angel yn Aberystwyth:

... myfyrwyr oedd y gynulleidfa, gan mwya, ac wrth gwrs, ro'n i'n ymwybodol fod mudiad Cymdeithas yr Iaith yn gryfach yn Aberystwyth na nemor unlle arall y pryd hwnnw.

... yn ystod y noson roedd yn rhaid canu 'Y fi a Mistar Urdd a'r Crysau Coch' gan gynnwys geirie'r gytgan:

Roedd Llywelyn a Glyndŵr yn fois reit enwog,
Ro'n nhw'n arwyr digon difyr yn eu ffyrdd;
Ond o bawb ar draws y byd, fy newis i o hyd
Fel arwr penna'r wlad, yw Mistar Urdd.

Pan ddes oddi ar y llwyfan, fe wynebes ymosodiad geiriol ffiaidd oddi wrth un o'r criw yn y gynulleidfa, am mod i wedi beiddio dilorni a bychanu enw da arwyr y Cymry. Nid yn unig ces i syndod, ond rhaid cyfaddef i mi gael fy siomi hefyd bod y criw ifanc yma wedi ymateb mewn ffordd afresymol i gân a oedd, i fi, yn hollol ddiniwed yn ei hanfod. Ro'n nhw'n amlwg yn teimlo'n gryf iawn, ac yn gweld pob dim yn ddu a gwyn yn unig, ond fe adawais i Aberystwyth y noson honno yn teimlo'n drist, mae arna i ofn. Tros y blynyddoedd, fe wnes i ymdrech i hybu'r Urdd bob tro y dôi'r cyfle i wneud hynny.

Wn i dim ai ymgais i geisio tynnu coes oedd y sylwadau gan y myfyrwyr yn yr Angel am na fedraf gredu y byddai'r un enaid byw yn amau diffuantrwydd Ray o safbwynt ei Gymreictod a phwy yn y byd fyddai'n dymuno brifo teimladau creadur mor hoffus.

Dros y blynyddoedd, a hynny wedi i mi ffarwelio â staff yr Urdd, cedwais fy nghysylltiad â Ray. Lawer tro gofynnais i Ray gydweithio ar gynlluniau marchnata ar ran clientau StrataMatrix. Ei lais ef a ddefnyddiwyd ar hysbyseb a ddarlledwyd dros gyfnod hir ar S4C i hyrwyddo gwasanaethau Cymraeg BT ar gyfer yr ymgyrch *BT Bob Tro*. Roedd angerdd yn y llais wrth geisio dwyn perswâd ar gynulleidfa selog y sianel yn y geiriau 'Defnyddiwch eich Cymraeg'.

Gofynnais iddo unwaith ddod gyda mi i Gaerwrangon i agoriad archfarchnad newydd er mwyn hyrwyddo cig oen Cymreig. Byddwn i'n ei gasglu yn Llanelli yn gynnar yn y bore er mwyn i'r ddau ohonon ni deithio gyda'n gilydd draw i Loegr. Roeddwn wedi trefnu cyhoeddusrwydd ymlaen llaw, yn bennaf ar wasanaethau radio lleol yr ardal. Roedd yn bryderus ar hyd y daith na fyddai neb yn ei nabod yn yr ardal honno ac nad y fe oedd y person iawn i wneud yr hyrwyddo. Ceisiais fy ngorau i roi sicrwydd iddo mai fe oedd y dyn gorau ar gyfer y dasg a oedd yn ein hwynebu y diwrnod hwnnw. Wedi cyrraedd pen y daith roedd yna rai cannoedd y tu fas i'r siop yn aros am Ray, rhai ohonyn nhw â'u gwreiddiau yn ardal Llanelli, ac roedd wrth ei fodd yn siarad â phob un ohonynt. Cymaint oedd ei falchder mewn Cymreictod roedd yn gwneud gwerthu cynnyrch gorau Cymru yn jobyn hawdd.

Roedd Ray wedi derbyn gwahoddiad gennym i lawnsio ymgyrch dwristiaeth ar faes Eisteddfod Genedlaethol Llanelli 2000 ac er mwyn gwneud yn siŵr ei fod yno gyda ni ar gyfer yr achlysur fe es i draw i stondin y BBC er mwyn ei dywys i babell ym mhen pella'r maes. Roedd maes yr eisteddfod y diwrnod hwnnw'n orlawn a cheisiais ei ruthro draw i'r babell ond bu'n dasg amhosibl am na fyddai Ray yn fodlon pasio'r un enaid byw heb ddweud gair neu ddau wrthynt a'r broblem fawr i mi oedd bod pawb yn nabod Ray. Cefais brofiad tebyg unwaith yn tywys Dai Jones Llanilar ar draws maes y Sioe Fawr yn Llanelwedd.

Roeddwn yn Llandaf y bore y daeth y newydd fel bollt ar Radio Cymru bod Ray wedi marw. Doeddwn i ddim yn gallu credu'r peth a ffoniais Sulwyn yng Nghaerfyrddin i gael cadarnhad o'r newyddion. Cefais wahoddiad i roi teyrnged fer ar ran yr Urdd ar y rhaglen deledu oedd yn arwain i mewn i'r gwasanaeth angladdol a ddarlledwyd yn fyw ar S4C. Dywedais fod yr Urdd yn uchel ar restr blaenoriaethau Ray a'i fod ef yn ymgorfforiad o bopeth yr oedd y mudiad yn sefyll drosto.

Roeddwn yn angladd Ray ar faes y Strade Llanelli yng nghwmni fy hen gyfaill a'r sylwebydd rygbi a rasio a ralio Wyn Gruffydd. Wrth gerdded draw o'r maes parcio wrth ymyl y môr daethom ar draws Hywel Teifi Edwards oedd wedi mynd am dro i baratoi'n feddyliol cyn rhoi teyrnged haeddiannol iawn i Ray yn yr angladd. Yno roeddem ein tri, yn bobol sydd heb fod yn brin o eiriau fel rheol, yn sefyll yn awel y môr a'r gwynt wedi mynd o'n hwyliau.

Un arall a roddodd deyrnged arbennig i Ray yn yr angladd oedd Gerald Davies, un eto o ffrindiau Mistar Urdd. Fel Ray mae Gerald yntau'n perthyn i'r strata uwch hynny o sêr y byd rygbi, mewn ffordd wahanol i Ray, a'r ddau ohonynt yn gweld fod Cymreictod yn fwy hyd yn oed na rygbi. Mae Gerald yn wyneb adnabyddus iawn ac yn uchel ei barch mewn cylchoedd gwahanol fel y gwelais fwy nag unwaith pan oeddwn yn trefnu gweithgareddau i hyrwyddo Cymru y tu hwnt i Glawdd Offa.

Yr un oedd adwaith y wynebau cyfarwydd oedd wedi dod ynghyd ymysg y 10,000 i dalu'r gymwynas olaf ac wrth eistedd yn y stand a'r holl feddyliau am ymwneud Ray â Mistar Urdd yn fwrlwm yn fy meddwl ac er y gwacter yn fy nghalon yr oeddwn yn falch fy mod yn bresennol am y teimlwn fel y canai Geraint Løvegreen, mai 'Yma Wyf Finnau i Fod...'

MISTAR YR URDD YN FYW

Cyrraedd y miloedd

'Roedd cael teithio Cymru gyfan yn gig a gwaed ac einioes yr
arwr bychan boliog yn agoriad llygad – roedd yna bocedi o
Gymraeg yng Nghymru na wyddwn am eu bodolaeth…
a'r croeso ymhobman yn orwych.'

Ychydig a wyddai'r arwr bychan ac yntau'n tynnu'r to i lawr wrth
ddawnsio i gerddoriaeth Edward H Dafis ym mhafiliwn Gerddi Sophia
y byddai'r lle'n syrthio i'r llawr rhyw wythnos yn ddiweddarach! Ai'r
croeso byddarol a gafodd Mistar Urdd fu'n gyfrifol am lacio'r seiliau?'

Mici Plwm
Diddanwr a ffrind agos iawn i Mistar Urdd

G YDA MISTAR URDD WEDI ei lawnsio ac yntau wedi ennill ei blwy bu'n rhaid aros tan Ionawr 1979 cyn i neb ei weld fel cymeriad byw. Y cam cyntaf cyn yr ailenedigaeth oedd datblygu'r fersiwn maint llawn o'r cymeriad a phenderfynwyd ei seilio ar y gonc yn hytrach na'r fersiwn symlach roeddem yn ei argraffu ar grysau-T a nwyddau eraill. Dyma droi unwaith yn rhagor at Wendy Davies a theithio draw i Lloyney i ffatri goncs Mistar Urdd i ofyn am ei chymorth. Cytunwyd bod angen iddo fod rhwng 5 a 6 throedfedd o daldra a doedd Wendy erioed wedi cynhyrchu dim byd mor fawr erioed o'r blaen. Ond, doedd dim yn drech na Wendy a'i chriw.

Byddai angen nawr i ni ddod o hyd i rywun oedd â phrofiad o berfformio a hefyd yn gallu cyfathrebu â phlant o bob oed. Roedd un person amlwg yn sefyll ben ac ysgwydd uwchlaw pob perfformiwr arall. Dyma ffonio Mici Plwm i deimlo'r dŵr ac i weld a fyddai diddordeb ganddo i chwarae'r cymeriad. Roedd Mici yn arwr i filoedd o blant Cymru ac yn adnabyddus i blant ledled Cymru fel Plwmsan yn y gyfres deledu *Syr Wynff a Plwmsan*, *Y Pry Bach Tew* a *Bwmbo'r Clown* ac roedd yn frwd ei gefnogaeth i'r Urdd. Derbyniodd Mici'r cynnig yn syth a dyma fi felly'n datgelu fan hyn, am y tro cyntaf erioed, mai Mici Plwm oedd cig a gwaed Mistar Urdd pan ddaeth yn gymeriad byw am y tro cyntaf. Mae'n wir i'r *Western Mail* dorri'r gyfrinach y dydd ar ôl y lawnsio ond roeddwn yn cysuro fy hun nad oedd y darllenwyr yn credu pob dim oedd yn y papur, ar wahân i'r marwolaethau. Awgrymodd sawl un bod Mistar Urdd wedi ei seilio ar siâp Mici, ond myth llwyr yw hynny!

Roedd angen cynnal digwyddiad mawr i nodi genedigaeth Mistar Urdd yn gymeriad byw a bod hynny wedyn yn gychwyn ar daith 12 wythnos a fyddai'n rhoi cyfle i blant ym mhob cornel o Gymru ei gyfarfod. Onid mynd i grwydro o gwmpas Cymru wnaeth y Tywysog Charles ar ôl y digwyddiad mawr yng Nghastell Caernarfon yn 1969, ac wedi'r cwbwl iddo ef roedd y diolch am fodolaeth Mistar Urdd?

Un o'r neuaddau mwyaf yng Nghymru yn y cyfnod hwnnw oedd Pafiliwn Gerddi Soffia yng Nghaerdydd ac yn dilyn yr achlysur lawnsio yn y lle hwnnw byddai'r daith yn ymweld â'r Cymoedd cyn symud i'r gorllewin, y canolbarth ac yna ymlaen i'r gogledd. Byddai hyn yn golygu ymweld â degau o ysgolion cynradd ac uwchradd a threfnu perfformiadau i ddegau o filoedd o blant.

Wedi egluro hyn wrth Mici awgrymodd y dylwn gysylltu ag Emyr Glasnant (Emyr Young, y ffotograffydd erbyn hyn). Roedd Emyr yn actor ac yn wyneb cyfarwydd ar raglenni plant BBC Cymru a HTV Cymru ac er mwyn gwneud *double act* allan o'r bartneriaeth y datblygwyd y syniad o Robin y Gyrrwr er mwyn tywys Mistar Urdd ar ei daith rownd Cymru. Fel ymron i bob actor, roedd Emyr yn ddibynnol ar waith teledu a chan fod natur cytundebau'n ysbeidiol fe neidiodd at y cyfle.

Wrth ddatblygu'r cymeriadau roedden ni oll yn gytûn ar bersonoliaeth Mistar Urdd. Roedd yn fywiog, yn ddireidus ac yn llawn hwyl. Byddai nifer o nodweddion y clown yn perthyn i'w gymeriad a byddai gan Mistar Urdd yr hawl i wneud pethau na fyddai neb arall yn meiddio eu gwneud, fel rhoi sws fawr i'r athrawesau a hynny o flaen y plant neu roi cic yn nhin y prifathro a'r cyfan yn hwyl ddiniwed, wrth gwrs.

Roedd angen cerbyd i fynd ar daith ac unwaith eto cafwyd cydweithrediad parod Moduron Meirion yn Aberystwyth a fu'n ddigon caredig i ddarparu'r model diweddaraf o Range Rover am y cyfnod. Roedd y cerbyd wedi ei addurno â delweddau'r Urdd ac ar y to roedd Mistar Urdd mawr symudol ar sbring. Alan Sykes, gwneuthurwr arwyddion o Aberystwyth, a gafodd y gwaith o wneud hynny ac roedd ef eisoes wedi arbenigo yn ystod y misoedd cynt ar wneud fersiynau gwahanol o Mistar Urdd ar ffurf arwyddion mawr. Rhoddwyd uchelseinydd ar y cerbyd er mwyn bloeddio caneuon Mistar Urdd wrth fynd drwy bentrefi a threfi ar hyd y daith.

Cyfansoddodd Geraint Davies gân ar gyfer y daith, sef 'Dyma fi Mistar Urdd', ac roeddwn yn Stiwdio Sain i glywed Mici Plwm yn recordio'r geiriau i'r gerddoriaeth gefndirol. Gallwn ei weld trwy'r gwydr a'r ffôn glust am ei ben a sylweddolais yn syth nad oedd Mici yn ganwr. Roedd yn rhy hwyr yn y dydd i newid y trefniadau a diwrnod y lawnsio yn agosáu ac roedd yn rhaid cario mlaen. Flynyddoedd lawer yn ddiweddarach dywedodd Geraint wrthyf ei fod yn sylweddoli na fyddai gan Mici siawns mul mewn Grand National o ennill y Rhuban Glas ac er mwyn helpu'r achos roedd wedi cyfansoddi'r gân i fod yn hanner cân ac yn hanner rap, ond doeddwn i, wrth gwrs, ddim yn gwybod hynny ar y pryd. Doedd hi ddim yn ymarferol i Mistar Urdd ei hun ganu'n fyw yn y perfformiadau a byddai modd defnyddio recordiau a meimio i'r gerddoriaeth er mwyn goresgyn y broblem honno. Os nad oedd Mici'n ganwr o fri roeddwn yn gwbwl siŵr mai efo oedd y dewis gorau posibl ar gyfer rhoi bywyd i Mistar Urdd. Roedd ganddo ddawn naturiol i ddiddori cynulleidfaoedd ifanc ac roedd Mici yn feistr ar ad-libio. Dyna brofi nad oes rhaid i neb allu canu er mwyn ymuno â'r Urdd!

Byddai'r achlysur lawnsio yn un o brif ddigwyddiadau'r flwyddyn â 2,000 o blant o ysgolion ardal Caerdydd yn llenwi'r pafiliwn. Gan y byddai'r wasg a'r camerâu teledu yno, ein gobaith oedd creu cynnwrf a bwrlwm yn y pafiliwn fyddai'n cael ei atseinio i bob cornel o Gymru yn ystod y dyddiau a'r wythnosau i ddilyn. O lwyddo mi fyddai'n hwb mawr i broffil yr Urdd a gallai'r holl achlysur, gyda lwc, fod yn chwistrelliad o frwdfrydedd newydd i'r mudiad.

Mae bob amser yn risg i drefnu unrhyw ddigwyddiad yn ystod Ionawr a Chwefror am fod y tywydd yn gallu bod mor anffafriol. Y diwrnod cyn y lawnsio roeddwn yn casglu'r cerbyd o Lanbadarn Fawr a doedd rhagolygon y tywydd ddim yn dda a'r lluwchfeydd eira wedi cyrraedd penawdau'r papurau. Yn ystod y dydd disgynnodd haenen drwchus arall o eira dros y wlad ac roedd rhybuddion ar y radio ar i bawb beidio â theithio os nad oedd y daith yn gwbwl angenrheidiol.

I mi roedd y daith o Aberystwyth yn gwbwl hanfodol rhag siomi miloedd o blant ac fe fyddai gohirio'n oeri'r brwdfrydedd a byddai aildrefnu'r fenter yn anodd. Yn ystod y daith i Gaerdydd sylwais fod yr eira wedi dechrau rhewi ac er mod i'n gyrru peiriant gyriant pedair olwyn, cael a chael oedd hi i gyrraedd y brifddinas y noson honno. Y consyrn mawr, gan fod yr eira yn drwch hefyd yng Nghaerdydd, oedd a fyddai modd i blant ysgolion Caerdydd a Phenarth a'r Barri deithio'r bore canlynol i Erddi Soffia. Cafwyd cryn drafod yng Nghanolfan yr Urdd yn Heol Conwy a bu Alan Gwynant, Warden y Ganolfan, yn ffonio degau o athrawon i weld beth oedd y rhagolygon ond doedd dim amdani ond croesi bysedd ac aros tan y bore.

Roedd Pafiliwn Gerddi Soffia yn glambar anferth o le ac o'i weld yn wag y bore hwnnw roedd yn ddigon i godi ofn ar unrhyw un oedd am geisio llenwi'r lle hyd yn oed yng nghanol haf ac mewn amgylchiadau ffafriol. Y bore hwnnw roedd y lle'n oer ac yn llwm a'r tywydd garw'n gwmwl tywyll uwch ein pennau.

Erbyn hynny, roedd bois Edward H Dafis wedi

cyrraedd ac yn gosod offer trydanol ar y llwyfan a staff yr Urdd wrthi fel lladd nadredd yn ceisio addurno'r pafiliwn â baneri lliwgar. Yn ogystal ag apêl Mistar Urdd roedd poblogrwydd eithriadol Edward H yn atyniad mawr ac yn hwb mawr i'r ymgyrch.

Daeth neges o ganolfan yr Urdd yn Heol Conwy i ddweud bod nifer o ysgolion y ddinas yn bwriadu dod â faint bynnag o blant a fyddai wedi cyrraedd yr ysgol y bore hwnnw ond doedd dim sicrwydd am y niferoedd. Doedden ni ddim chwaith yn gwybod a fyddai modd i ysgolion y Fro gyrraedd Caerdydd. Beth bynnag, wedi'r aros fe ddiflannodd y bore'n gyflym yn y pafiliwn gwag ac wrth i'r plant ddechrau cyrraedd mewn grwpiau bach fe dyfodd y gynulleidfa fel pelen eira ac o fewn dim roedd pafiliwn Soffia dan ei sang a miloedd o blant yn bloeddio canu, 'Hei Mistar Urdd ...'

Ar y foment dyngedfennol dyma floedd o sŵn gitâr a'r drysau mawr yn agor a cherbyd Mistar Urdd yn gyrru i mewn trwy'r gynulleidfa ac i ymyl y llwyfan. Ymddangosodd Robin y Gyrrwr ac wedi iddo agor drws cefn y cerbyd tynnodd allan fasged fawr ar olwynion a'i gosod ar ganol y llwyfan ac wrth i'r plant floeddio, 'Mistar Urdd, Mistar Urdd', dyma'r dyn ei hun yn neidio allan o'r fasged i gyfeiliant cerddoriaeth 'Dyma fi Mistar Urdd'. Roedd y bloeddio'n fyddarol a'r awyrgylch yn drydanol.

Ymhlith y sêr ar y llwyfan roedd Hywel Gwynfryn yn ei siwt wen, Edward H Dafis, Crysbas, Richard Rees, Emyr Wyn, Sêr Goglis, Dai Davies, gôl-geidwad Cymru, Emyr Glasnant a Mistar Urdd. Roedd Arglwydd Faer Dinas Caerdydd, Mr Bill Carling, yno hefyd i ymuno yn y dathlu. Ond roedd un bwlch mawr ar y llwyfan gan i Ray Gravell, o bawb, fethu â chyrraedd o Gydweli oherwydd yr eira. Er i achlysur lawnsio *Mistar Urdd yn Fyw* godi'r to ym Mhafiliwn Gerddi Soffia syrthio a wnaeth y to hwnnw dan bwysau eira'n fuan wedi hynny a dyna ddiwedd y ganolfan a fu am flynyddoedd yn gyrchfan i filoedd yn ystod digwyddiadau mawr y brifddinas. Nawr, roedd yn rhaid mynd ar daith a lledu'r brwdfrydedd a'r cyffro ledled Cymru. Roedd cost y daith yn £10,000 a'n nod oedd cyrraedd cynifer o blant ag oedd yn bosibl er y byddai hi'n amhosibl i ni ymweld â phob ysgol. Byddem yn mynd i ganolfannau penodol, lle'r oedd hynny'n bosibl, ac yna gwahodd nifer o ysgolion gwahanol i ddod ynghyd. Roedd trefnu'r daith ynddo'i hun yn dipyn o dasg i'r Trefnyddion Sir ac roedd eu cydweithrediad hwy yn gwbwl allweddol. Doedd dulliau cyfathrebu a chysylltu ddim cystal y dyddiau hynny a doedd dim ffonau symudol nac e-bost mewn bodolaeth.

Bu'r daith hefyd yn gyfle i greu cyhoeddusrwydd di-ail yn y papurau lleol dros Gymru. Doedd dim ond angen trefnu i'r ffotograffwyr ddod i'r ymweliadau lleol am fod lluniau plant wastad yn gwerthu papurau. Y drefn arferol oedd bod cerbyd Mistar Urdd yn cuddio rownd y gornel nid nepell o'r ysgol ac yna Robin y Gyrrwr yn cyrraedd ac yn chwilio am Mistar Urdd. Yna byddai'n neidio allan o'r fasged yn union fel yn y lansiad.

Y gamp oedd ceisio cadw'n gaeth at yr amserlen a'r nod oedd gwneud pedwar neu bum perfformiad y dydd. Roedd angen bod yn sensitif i'r ffaith bod yr ymweliadau'n torri ar draws rhediad dyddiol yr ysgolion a byddai rhedeg yn hwyr yn achosi trafferthion i brifathrawon. Yn anochel, ambell dro, roedden ni'n mynd i drafferthion, naill ai oherwydd i ni fynd i ormod o hwyl mewn ambell le neu i rwystrau eraill godi ar y ffordd. Diolch byth, prin iawn oedd y prifathrawon diamynedd ac os cafwyd ambell un roedd yn aml yn deillio o agwedd ambell unigolyn at yr Urdd am i'r ysgol gael cam mewn eisteddfod neu fabolgampau neu hwyrach ar sail ymdeimlad anghynnes at bopeth Cymraeg.

Bu'r daith o gwmpas cymoedd dwyrain Morgannwg a Mynwy yn agoriad llygad i lawer o'r criw am iddynt ddarganfod cynifer o ysgolion Cymraeg a'u bod yn ynysoedd llwyddiannus o Gymreictod mewn môr o Seisnigrwydd.

Roedd y caneuon yn ganolog i bob sioe ac yna byddai'r plant yn eu tro yn cael cyfle i holi cwestiynau i Mistar Urdd a'r rheiny fel rheol yn dilyn patrwm tebyg: 'Pa un yw hoff gân Mistar Urdd?' Ateb: 'Hei Mistar Urdd', neu 'I ble mae Mistar Urdd yn hoffi mynd ar wyliau?' Ateb: 'Gwersyll Llangrannog neu Lan-llyn'. 'Beth yw hoff liwiau Mistar Urdd?' Ateb: 'Gwyn, coch a gwyrdd'. Cafwyd ambell gwestiwn annisgwyl fel y cawson ni ar ein hymweliad â phlant ardal Trefdraeth yn Sir Benfro. Wrth i'r plant eistedd ar lawr neuadd y pentref y cwestiwn cyntaf a gafwyd gan un bachgen bach oedd, 'Shwd ma Mistar Urdd yn dal gwahaddod (tyrchod daear)?'

Un o uchafbwyntiau'r daith oedd cael galw yn Ysgol Syr O M Edwards yn Llanuwchllyn y pentref sy'n cael ei ystyried yn gartref i'r Urdd a'r plant yno wedi eu trwytho yn nhraddodiadau'r Urdd a'r ysgol yn cael ei rhedeg ar sail gwerthoedd y mudiad. Twm Prys, cyn-aelod o staff yr Urdd ac un o'r ffyddloniaid, oedd y prifathro yno ar y pryd. Fel ymhob perfformiad roeddwn i'n sefyll yng nghefn yr ystafell ac yn ceisio mesur y llwyddiant ar Raddfa Richter er mwyn gallu dweud wrth y tîm ar ddiwedd y sioe beth y tybiwn oedd maint y cynnwrf a grëwyd yn ystod y sesiwn. Mae'n debyg mod i a golwg ofidus ar fy wyneb gydol y perfformiad yn Ysgol Syr O M Edwards ac ar y diwedd daeth Emyr, Mici a Selwyn Evans yn syth ataf i ofyn fy marn ynglŷn â sut roedd pethau wedi mynd. Doeddwn i ddim yn siŵr a oedden ni wedi taro deuddeg, a hynny yn Llanuwchllyn o bob man. Gan fod pawb arall yn anghytuno â mi, dywedais wrthyn nhw mod i am ffonio fy hen gyfaill David Meredith y noson honno gan i mi sylwi bod Owain, ei fab hynaf, yn eistedd yng nghanol y plant yn Llanuwchllyn. Yn ystod y sgwrs ffôn â David soniais i ni dreulio rhan o'r diwrnod yn Ysgol Llanuwchllyn a mod i'n gobeithio bod Owain wedi mwynhau ymweliad Mistar Urdd. 'Mae Owain wrth fy ochr fan hyn,' meddai. "Na i ofyn iddo fe, rŵan'. 'Owain, sut roedd Mistar Urdd heddiw? A'i ateb, 'gorwych, Nhad'. Fel gyda phopeth yn yr Urdd barn yr aelodau sy'n cyfrif yn y pen draw a dyna gadarnhau i'r perfformiad yn Llanuwchllyn fod yn llwyddiant.

Byddai galw mawr am nwyddau Mistar Urdd a mawr fu'r paratoi i adeiladu digon o stoc ac i chwilio am gynnyrch newydd. Roeddwn wedi gofyn i Cen Williams, Caerdydd, i ddylunio nifer o fersiynau gwahanol o Mistar Urdd wrth iddo ymgymryd â gwahanol weithgareddau. Mae Cen yn feistr ar ddylunio cartŵns, dawn sydd yn cael ei harddangos yn wythnosol yn y cylchgrawn *Golwg*. Gwyddwn fod ganddo'r gallu a'r hiwmor i ddylunio fersiynau bywiog a hynny'n cyfleu cymeriad direidus Mistar Urdd. Chawsom ni mo'n siomi ac fe wnaed cryn ddefnydd o gynlluniau Cen ar grysau a nwyddau.

Byddem yn codi stondin ym mhob lleoliad a byddai'r incwm yn help mawr tuag at gostau'r daith. Ar ddiwedd pob sioe byddem yn gadael yr ysgol mewn môr o wyn, coch a gwyrdd gan adael yno hefyd ddigon o wybodaeth am weithgareddau'r Urdd. Roedd pob un yn cael copi o'n catalog er mwyn iddynt allu archebu mwy o'r nwyddau.

Er mwyn cwrdd â'r galw am nwyddau Mistar Urdd bu'n rhaid datblygu. Roedd y selar yn swyddfa'r Urdd ar Ffordd Llanbadarn bellach wedi mynd yn rhy fach ac roedd diffyg lle i storio cyflenwadau sylweddol o nwyddau

ar gyfer eu hargraffu yn broblem. Roedd y pwysau hefyd
wedi mynd yn drwm iawn ar y tîm bychan o staff a'r
galwadau arna innau hefyd yn ei gwneud hi'n anodd i mi
allu cynnal gwaith cyhoeddusrwydd yr Urdd o ddydd i
ddydd yn ogystal â datblygu Mistar Urdd ymhellach.

Roedd Cyfarwyddwr yr Urdd, J Cyril Hughes, ynghyd
â swyddogion y mudiad, yn enwedig Prys Edwards, cyn-
drysorydd y mudiad er 1969 a ddaeth wedyn yn Gadeirydd
y Cyngor, ynghyd â Bob Roberts a fu hefyd yn drysorydd
ac yn gadeirydd yn gefnogol i'r syniad bod yn rhaid i'r
Urdd ddatblygu sail busnes i'r mudiad os oedd am oroesi
yn y tymor hir.

Cymerwyd les ar ffatri o eiddo Bwrdd Datblygu Cymru
Wledig ar Stad Glanyrafon yn Llanbadarn i fod yn gartref
ar gyfer adain fusnes yr Urdd dan yr enw Copa Cymru.
Adleolwyd Selwyn Jones, Hywel Davies, Meirion Wyn
Jones a Nerys Thomas o'r swyddfa i ymuno â thîm o
ddylunwyr yn y ffatri. Ymunodd Selwyn Evans â'r staff
yn Copa Cymru adeg y Pasg 1978 fel Rheolwr y Ffatri.
Roedd Selwyn, er ei fod yn ifanc iawn, eisoes wedi treulio
tair blynedd yn Drefnydd Sir yn Nwyrain Clwyd ac roedd
wedi creu argraff fawr iawn gyda'i frwdfrydedd a'i waith
caled yn yr ardal honno. Bu cymorth Selwyn i ddatblygu'r
gwaith ymhellach yn hynod o werthfawr ac ymdaflodd iddi
yn syth. Roedd ysfa fusnes yn ei wythiennau ac ers dros
chwarter canrif mae wedi profi ei ddawn yn y maes wrth
redeg ei fusnes ei hun yn Siop y Siswrn yn yr Wyddgrug.

Y cam allweddol arall oedd agor Siop Mistar Urdd yn
Aberystwyth ar ffurf boutique Cymraeg. Ray Gravell a
wahoddwyd i agor y siop ac roedd torf yn ei aros ar y
palmant yn Stryd y Tollborth i ddathlu carreg filltir arall
yn hanes Mistar Urdd. Jane O'Hanney (Reynolds wedyn)
a apwyntiwyd i fod yn Rheolwraig ac roedd hefyd yn delio
ag archebion post ar gyfer y nwyddau. Ar sail ei phrofiad

bu Jane wedyn yn athrawes ar y cwrs busnes yn Ysgol Gyfun Penweddig.

Bu dyfodiad Mistar Urdd yn gyfle i weddnewid stondin y mudiad yn Eisteddfod Genedlaethol yr Urdd a'r Eisteddfod Genedlaethol. Bellach roedd angen llawer mwy o le er mwyn gwerthu nwyddau a threfnwyd i logi pabell fawr yn Eisteddfod y Barri yn 1977. Bu'r ymateb yn ysgubol a'r babell yn llawn o fore tan nos gydol yr wythnos. Yn sgil hyn penderfynwyd codi safon y babell drwy greu mynedfa â'r drws yn troi yn seiliedig ar siâp Mistar Urdd. Fe'i cynlluniwyd gan Harry James, y pensaer, a'i gynhyrchu yng ngweithdy Alan Sykes yn Aberystwyth. Bu'r drws yn nodwedd o babell yr Urdd ar faes yr eisteddfodau am rai blynyddoedd wedyn ac fe ddaeth presenoldeb yr Urdd yn un o'r prif atyniadau ymhlith y stondinau ar faes y ddwy Eisteddfod. Cyrhaeddwyd uchafbwynt o safbwynt nwyddau Mistar Urdd yn Eisteddfod Caernarfon 1979.

Roedden ni'n awyddus iawn i fynd â stondin i Eisteddfod Ryngwladol Llangollen ac roedd pob ymgais wedi methu am nad oedd trefnwyr yr ŵyl yn awyddus i ganiatáu i fudiadau eraill werthu nwyddau ar y maes am y gallai hyn effeithio ar incwm yr eisteddfod. Gan fod y drws wedi ei gau yn glep gofynnais i Lady Edwards a fyddai modd iddi ddefnyddio ei dylanwad ar yr awdurdodau yn Llangollen i'w perswadio i ganiatáu i ni gael presenoldeb o'r Urdd ar faes yr eisteddfod ar sail natur ryngwladol yr Urdd a dadlau y byddai Mistar Urdd yn boblogaidd gyda'r plant ysgol sy'n ymweld â'r ŵyl yn flynyddol.

Cafwyd caniatâd yn 1978 a dyma lwytho'r fan a chychwyn yng nghwmni'r ddau Selwyn (Jones ac Evans) i dreulio wythnos yn Llangollen. Bu'r bore cyntaf yn llwyddiant mawr ac roedd poblogrwydd y babell yn tynnu llawer o sylw ar y maes. Fodd bynnag, cawsom ymweliad gan swyddogion yr eisteddfod ac fe'n gorchmynnwyd i gau'r siop ac i ymadael â'r maes yn syth am ein bod yn gwerthu trôns Mistar Urdd a'r swyddogion yn teimlo nad oedd hynny'n briodol ar faes Eisteddfod Llangollen. Roedd y peth yn bisâr ond bu'n gyfrwng i roi cyhoeddusrwydd i ni yn y wasg yng Nghymru a Lloegr gyda stori oedd yn dwyn gwên ar wynebau'r darllenwyr. Erbyn hyn, mae Eisteddfod Llangollen yn fwy agored a rhyddfrydol ac yn llwyddiannus iawn yn denu stondinau, er bod yna ryw awgrym o deimlad o swildod mewn Cymreictod yno o hyd. Rhyfeddais, ar derfyn cyngerdd ysgubol i ddathlu cerddoriaeth Gymreig yn y pafiliwn y llynedd, bod disgwyl i'r gynulleidfa ganu anthem genedlaethol Lloegr i gloi'r noson, er bod dros ddeng mlynedd bellach ers i ni gael llywodraeth Gymreig yng Nghaerdydd.

Dros y blynyddoedd mae Mistar Urdd wedi ymddangos mewn llu o eisteddfodau, gwyliau a gweithgareddau lleol ac mae'n dal i wneud ei rownds. Pan ymwelodd Eisteddfod Genedlaethol yr Urdd â Rhuthun yn 2006 trefnwyd parti i ddathlu ei ben-blwydd yn 30 oed ac roedd ymateb y cannoedd o blant, yn ogystal â diddordeb y cyfryngau, yn cadarnhau nad oedd Mistar Urdd wedi heneiddio o gwbwl a bod ei apêl yn parhau ymhlith cenhedlaeth newydd eto o blant a phobol ifanc.

Un o'r cyfryngau mwyaf effeithiol i gyrraedd miloedd o blant Cymru yw cylchgronau'r Urdd. Mae Mistar Urdd wedi ymddangos ac yn dal i wneud yn fisol yn *Cip, Bore Da* a *Iaw* lle mae'n cael ei deilwrio i dargedu oedrannau gwahanol. Dros 30 mlynedd ers y lawnsio cyhoeddir o hyd lifeiriant cyson o lythyrau, 'Annwyl Mistar Urdd' yn y cylchgronau oddi wrth blant o bob rhan o Gymru.

Aethpwyd ati i droi pob carreg er mwyn datblygu'r ymgyrch. Mae'n siŵr mai'r cyfle pennaf a gollwyd oedd na chafodd y cymeriad ei gynhyrchu fel cartŵn ar gyfer y teledu. Bu rhyw fath o drafod rhyngom yn nyddiau cynnar

S4C ynglŷn â'r posibilrwydd o wneud cyfres animeiddio ar gyfer teledu, ond ddaeth dim byd ohono. Dywedwyd wrthyf ei fod yn gymeriad dau ddimensiwn yn hytrach na thri, a wnes innau ddim gwthio'r peth chwaith. O edrych yn ôl, mae'n debyg bod hwn yn gyfle wedi'i golli ac rwy'n siŵr y byddai wedi bod yn gymeriad addas a llwyddiannus ar gyfer cyfres. Roeddwn yn argyhoeddedig bod potensial iddo dramor i greu cysylltiadau newydd rhwng ieuenctid Cymru a phobl ifanc gwledydd eraill a'r lle amlwg i gychwyn oedd yr Eidal gyda'i liwiau gwyn, coch a gwyrdd. A bod yn realistig, doedd gyda ni yn yr Urdd ar y pryd ddim o'r capasiti i allu hyrwyddo dramor yn effeithiol ein hunain heb gymorth cyfres deledu wedi'i throsleisio i amryw o ieithoedd eraill.

Cafodd y cymeriad ei ailddylunio yn 2002 i gydfynd â lawnsio fersiwn newydd *Cic* o 'Hei Mistar Urdd'. Mae ganddo, erbyn hyn, griw o ddilynwyr ar *Facebook* ac mae'n cael ei ddefnyddio mewn hysbysebion a chyhoeddiadau'n gyson i hyrwyddo gweithgareddau'r Urdd. Bu dau gyfrwng yn hynod effeithiol o safbwynt cyrraedd cynulleidfa llawer ehangach na hyd yn oed aelodau'r Urdd. Y cyntaf oedd cân y Super Furry Animals 'Trôns Mistar Urdd'. Yn sgil enwogrwydd ac apêl eang y band daeth miloedd lawer yn fwy i wybod am y cymeriad trilliw.

Yr ail garreg filltir hanesyddol oedd i Mistar Urdd hedfan trwy'r gofod ar 17 Ebrill 1998, pan aeth y gofodwr o Ganada, Dafydd Rhys Williams, sydd o dras Gymreig, â gonc Mistar Urdd yn gydymaith iddo gan deithio i'r Orsaf Ofod Ryngwladol. Mae'r Mistar Urdd hwnnw bellach 'nôl adre'n ddiogel mewn bocs gwydr yng Ngwersyll yr Urdd yn Llangrannog. Mae Mistar Urdd wedi mynd ymhell, wel tipyn pellach nag y bues i erioed!

Dros y blynyddoedd mae Mistar Urdd wedi dod yn

ffrind i filoedd o blant Cymru a phob un yn gyfaill iddo yntau. Mae ganddo un ffrind arbennig o'r enw Pengwyn a ddaeth draw o Batagonia bell i Gymru a glanio mewn hofrennydd ym Maes Awyr Caerdydd. Rhyddhaodd Sain record yn 1980 o'r gân 'Pengwyn' gan Emyr Wyn a chân 'Bytis Mistar Urdd' gan Rudi Llewelyn, gan gynnwys 'Y Gwersyllwyr' ar ochr B.

ARGYFYNGAU

Y llanw, y trai a'r llanw eto

'Yn dilyn trafferthion cynnal yr Arwisgiad i ni yn yr Urdd,
adenillwyd brwdfrydedd ein hieuenctid yn eu mudiad wrth greu
Mistar Urdd. Gwawriodd cyfnod newydd ac mae'r llwyddiant yn
parhau hyd heddiw, a gwelwn gyfraniad y mudiad i Gymru
yn cynyddu o flwyddyn i flwyddyn.'

Prys Edwards
Llywydd Anrhydeddus yr Urdd

ER CYMAINT Y LLWYDDIANT dros y blynyddoedd bu'r mudiad droeon ar fôr tymhestlog, gydag arian, neu'r prinder ohono, yn sail i lawer cyfnod anodd. Yn ystod y pum mlynedd ar hugain diwethaf mae dau ddigwyddiad sy'n sefyll allan oherwydd eu heffaith negyddol a gwirioneddol niweidiol i'r Urdd. Bu streic yr athrawon yn 1985 bron iawn â bod yn ergyd farwol a amlygodd hefyd orddibyniaeth yr Urdd ar athrawon ac yn arbennig ar ewyllys da aelodau mwyaf cydwybodol y proffesiwn.

Y bygythiad mawr mwyaf diweddar oedd effaith y clwy traed a'r genau yn 2001 a olygodd gau drysau'r canolfannau preswyl yn Llangrannog a Glan-llyn a'r rheiny'n brif ffynhonnell llif arian y mudiad. Cafodd Eisteddfod yr Urdd y flwyddyn honno'i gohirio ac arbrofwyd, yn ddigon llwyddiannus, trwy gynnal cystadlaethau ar ffurf sioe deledu fawr ar S4C. Bu dyfeisgarwch a gallu Jim O'Rourke, y Prif Weithredwr ar y pryd, i ddelio â phob math o sialensiau, yn allweddol i lywio'r mudiad trwy'r cyfnod anodd hwn.

Does dim dwywaith mai'r creisis mwyaf i wynebu'r Urdd (a'r hyn yn y pen draw a roddodd fodolaeth i Mistar Urdd) oedd yr un a ddaeth yn sgil cyhoeddiad y Llywodraeth ym mis Mai 1967 bod yna fwriad i arwisgo'r Tywysog Siarl yn Dywysog Cymru yng Nghastell Caernarfon yn 1969. Daeth yn amlwg wedyn bod yr awdurdodau'n tybio y dylid cynnwys yr Urdd yn y trafodaethau a'r dathliadau. Sefydlwyd Pwyllgor yr Arwisgiad dan gadeiryddiaeth Dug Norfolk ac roedd nifer o Gymry amlwg yn aelodau o'r pwyllgor ac, yn eu plith, Syr Ifan ab Owen Edwards, Llywydd yr Urdd a sylfaenydd y mudiad.

Gan ei bod hi'n fwriad i'r Tywysog dreulio tri mis yn ystod haf 1969 yn crwydro Cymru trefnwyd pwyllgor arall dan ofal Bwrdd Croeso Cymru i fod yn gyfrifol am ddathliadau Croeso 69 ac fe enwyd R E Griffith, Cyfarwyddwr yr Urdd, i gynrychioli'r Urdd ar y pwyllgor hwnnw. Rhoddwyd gwybod i holl ganghennau'r Urdd am y dathliadau a gwelwyd rhai o'r canghennau'n cydweithio gyda sefydliadau a mudiadau eraill i fod yn rhan o'r dathlu tra bod y lleill yn mynegi'r farn nad oedd ganddynt mo'r amser na'r diddordeb i gefnogi'r fath achlysur. Roedd rhyddid i Adrannau ac Aelwydydd yr Urdd wneud fel y mynnent ac roedd yr ymateb yn gymysg.

Ar lefel genedlaethol roedd yna dair agwedd lle'r oedd disgwyl i'r Urdd fod yn rhan o'r dathlu sef, yn Eisteddfod Genedlaethol yr Urdd yn Aberystwyth ym Mai 1969, yng Ngwersyll Glan-llyn ac yn yr Arwisgiad yng Nghaernarfon. Roedd y gwahaniaeth barn yn yr Urdd yn glir ac yn adlewyrchu'r teimladau gwahanol oedd yn corddi yn y wlad, yn enwedig ymhlith y Cymry Cymraeg. Gwrthwynebai rhai ar sail y ddadl wrth-frenhinol ac eraill yn gweld y cyfan fel rhyw jamborî gwag ac amherthnasol. Roedd eraill yn cefnogi ac yn gweld y byddai'r Urdd yn ennill ewyllys da mewn cylchoedd swyddogol penodol.

Tra bod llawer o bobol o hyd yn cael eu swyno gan y frenhiniaeth fedrwn i yn fy myw â gweld y byddai'n addas i'r Urdd fod yn rhan o'r fath ddathliad. Does gen i fawr o frwdfrydedd dros y sefydliad brenhinol, nid ar sail rhyw deimladau gwrth-frenhinol cryf, ond am nad yw'r pomp militaraidd a'r gwerthoedd sy'n gysylltiedig â phob achlysur o'r fath yn apelio ata i ac mae'r holl beth yn estron i mi fel Cymro. Mae'n cynrychioli'r cyfnod erchyll hwnnw pan oedd goruchafiaeth a balchder Prydeinig drwy drais a grym yn cael ei ddathlu. Mae hyn yn gwbwl groes i bopeth mae'r Urdd yn bodoli er ei fwyn.

Roedd yr Urdd yn rhanedig ar fater yr Arwisgo a'r ddwy farn i raddau helaeth yn cynrychioli dwy genhedlaeth wahanol a'r to hŷn yn dueddol o fod yn cefnogi a'r bobol ifanc yn erbyn ac yn fwy llafar eu gwrthwynebiad. Eithriad digon prin o'r to hŷn, a fu'n gyson ei gwrthwynebiad oedd Gwennant Davies, Pennaeth Gweinyddiaeth y mudiad. Cafwyd trafodaethau brwd i wrthwynebu unrhyw ymwneud â'r dathliadau yng Nghaernarfon yn Senedd yr Ifanc tra oedd pwyllgorau canolog y mudiad yn gweld y mater mewn golau gwahanol. Teimlent y byddai peidio â chydymffurfio yn niweidiol iawn i'r Urdd o fewn y sefydliad am fod y mudiad yn ddibynnol ar gymorthdaliadau o ffynonellau arian cyhoeddus. Pan welwyd nad oedd ateb boddhaol yn dod o'r Pwyllgor Gwaith fe drafodwyd y mater yng Nghyngor yr Urdd ac wedi trafodaeth frwd roedd yn amlwg bod yna ddwy farn ymysg y cynrychiolwyr ond, yn y diwedd, pleidleisiodd y mwyafrif o blaid cynnig Syr Ifan i anfon cynrychiolaeth fechan i'r Arwisgo pe bai'r Urdd yn cael gwahoddiad. Dangosodd y bleidlais fod 31 o blaid y cynnig, 21 yn erbyn a 2 yn ymatal. Roedd yr Urdd yn parhau'n rhanedig.

Mewn ymateb i hyn trefnodd tri o aelodau Aelwyd Aberystwyth, Hywel Wyn Jones, Ellen ac Iolo ap Gwyn, ddeiseb genedlaethol i holl Aelwydydd Cymru er mwyn casglu enwau i wrthwynebu penderfyniad y Cyngor. Ymddiswyddodd dau aelod amlwg o Gyngor yr Urdd, sef Peter Hughes Griffiths, athro yn Ysgol Comins Coch, a William Griffiths, Prifathro Ysgol Llanbadarn Fawr. Roedd y ddau ohonynt hefyd yn swyddogion Eisteddfod Genedlaethol yr Urdd 1969.

Penderfynwyd yng nghanol y berw ailalw'r Cyngor i ystyried yr Arwisgo am yr eildro. Yn dilyn y cyfarfod hwnnw fe gafodd y penderfyniad blaenorol ei ddileu a derbyniwyd na allai'r Urdd dderbyn gwahoddiad i anfon cynrychiolaeth i'r Arwisgo heb i hynny rwygo'r mudiad. Yn yr un cyfarfod fe wnaeth y Cyngor 'gadarnhau parodrwydd yr Urdd i groesawu'r Tywysog Siarl i ymweld â Gwersyll Glan-llyn yn unol â'i ddymuniad a hefyd i weld unrhyw weithgarwch arall o eiddo'r mudiad pe dymunai hynny'.

Trefnodd yr awdurdodau i'r Tywysog Siarl dreulio cyfnod yng Ngholeg y Brifysgol yn Aberystwyth i ymuno â chwrs Astudiaethau Cymreig a'i bwyslais ar yr Iaith a Hanes Cymru. Yn ystod y cyfnod fe ddysgodd ychydig o Gymraeg o dan hyfforddiant y Dr Bobi Jones ac E G Millward, dau genedlaetholwr brwd a dau oedd yn gwbwl ymwybodol o'r cynnwrf a'r tyndra oedd wedi datblygu yng Nghymru yn sgil y bwriad i'w arwisgo yn Dywysog Cymru.

Y flwyddyn honno, felly, cynhaliwyd Eisteddfod Genedlaethol yr Urdd yn Aberystwyth a chan mai pwrpas ei gyfnod yn y Coleg Ger y Lli oedd ehangu ei brofiad a'i wybodaeth am y diwylliant Cymraeg fe gytunodd Pwyllgor Gwaith yr Eisteddfod i'w wahodd i ymweld â'r eisteddfod 'mewn dull cartrefol, gwerinol ac anffurfiol – heb na rhwysg na seremoni'. Teimlwyd hefyd y byddai'n briodol i'r Tywysog gyflwyno'r Wobr Frenhinol i sir fuddugol yr eisteddfod, y wobr a gyflwynodd ei fam i'r eisteddfod rai blynyddoedd ynghynt – ar yr amod ei fod yn gwneud hynny yn Gymraeg. Roedd y brotest ar gychwyn araith y Tywysog pan gerddodd nifer fawr o'r gynulleidfa allan o'r pafiliwn yn dangos yn glir mai pobol ifanc oedd mwyafrif y gwrthwynebwyr. Y rhain, wrth gwrs, oedd asgwrn cefn aelodaeth yr Urdd ac arweinwyr y dyfodol. Unwaith eto amlygodd ei bresenoldeb ym Mhrifwyl yr Urdd y rhwyg a'r carfanu oedd wedi digwydd yn yr Urdd ac yng Nghymru yn sgil arwisgo Sais yn Dywysog Cymru. Ar yr ail o Orffennaf ymwelodd y Tywysog â Gwersyll Glan-llyn. Ar gais y Tywysog y trefnwyd yr ymweliad am mai ei ddymuniad ef oedd treulio rhai oriau drannoeth y seremoni yng Nghaernarfon mewn llecyn tawel yng nghwmni pobol ifanc. Bu'r cyfnod hwn yn adeg niweidiol iawn i'r Urdd. Roedd yna hefyd fudiadau eraill yng Nghymru yn wynebu gorfod troedio'n ofalus ynglŷn â holl fater yr Arwisgo. Derbyniodd yr Eisteddfod Genedlaethol a'r Orsedd wahoddiad i anfon cynrychiolwyr i Gaernarfon heb i hynny fod yn andwyol iddyn nhw. Penderfynodd Plaid Cymru adael mater yr Arwisgo 'ar y bwrdd' ond fe wrthododd Gwynfor Evans fynd i Gaernarfon ac yn ôl rhai roedd hyn wedi cyfrannu at y ffaith iddo golli'i sedd fel Aelod Seneddol Sir Gaerfyrddin ymhen y flwyddyn. Serch hynny, o fewn ychydig flynyddoedd yn 1974 etholwyd Dafydd Elis Thomas a Dafydd Wigley i gymryd eu seddau ar ran Plaid Cymru yn San Steffan. Roedd yr Urdd, serch hynny, yn dal i ddioddef o graith yr Arwisgo am flynyddoedd wedi hynny.

Bu cryn drafod ac fe holwyd llawer o gwestiynau pam bod yr Urdd wedi dioddef yn fwy nag unrhyw fudiad arall yn sgil yr Arwisgo. Ai plot gwleidyddol cyfrwys oedd hyn gan George Thomas, Ysgrifennydd Gwladol Cymru, a'r gweision sifil yn y Swyddfa Gymreig er mwyn ceisio tanseilio'r don newydd o ymwybyddiaeth Gymreig wladgarol oedd yn prysur ennill momentwm yn sgil buddugoliaeth Gwynfor yng Nghaerfyrddin? Ai ymgais i geisio creu embaras i Sylfaenydd yr Urdd (oedd wedi'r cwbl yn Farchog) neu i osod Cyfarwyddwr y mudiad ar brawf? Oedd hyn yn gynllwyn gan yr elfennau gwrth-Gymreig i greu cweryl ymhlith y Cymry Cymraeg, am y gwyddent fod yna elfennau o'r cyhoedd a'r cyfryngau, yn enwedig y di-Gymraeg, nad oeddent yn gallu gwahaniaethu rhwng yr Urdd a Chymdeithas yr Iaith, y Free Wales Army a'r blaid genedlaethol. Ynteu twpdra a diffyg deall y Sefydliad Cymreig ydoedd o'r newid oedd wedi digwydd yn y chwedegau o safbwynt yr ymwybyddiaeth Gymreig yn y wlad? Roedd yr Urdd fel mudiad plant a phobl ifanc yn darged hawdd i'r gwrthwynebwyr. Mewn sefyllfa fel hon roedd yr Urdd yn fregus a pherygl mawr i ddegawdau o waith caled gael ei danseilio wrth i fudiad amhleidiol a ddibynnai'n drwm ar gefnogaeth ac ewyllys da'r cyrff cyhoeddus gael ei wthio i gerdded hyd ymyl y dibyn. Yn sicr roedd yna ddylanwadau niweidiol a maleisus o'r tu allan. Ac nid dyma'r tro cyntaf, na'r olaf, i'r Urdd gael ei ddefnyddio gan unigolion a grwpiau a sefydliadau er mwyn hyrwyddo eu hamcanion eu hunain. Haws hwyrach gweld y bai ar ymyrraeth allanol yn unig ond roedd yna hefyd ffactorau mewnol na ellir eu diystyru.

Mae'r ffaith syml i'r mudiad ailalw'r Cyngor i ailfeddwl yn awgrymu bod y mudiad yn ansicr ac yn simsanu ar y mater ac yn awgrymu hefyd ddiffyg asgwrn cefn. I ychwanegu at y blerwch, roedd RE, Cyfarwyddwr yr Urdd, yn derbyn llawdriniaeth yn yr ysbyty ar y pryd a heb fod yn ei waith yn ystod cyfarfod cyntaf y Cyngor. Roedd dylanwad RE yn fawr ar aelodau pwyllgorau'r Urdd er, a bod yn onest, fyddwn i ddim wedi gweld lygad yn llygad ag e ar y mater hwn.

Ers rhai blynyddoedd roedd yna deimladau'n cyniwair ymhlith yr aelodau, a hynny yn bennaf yn Senedd yr Ifanc, bod y mudiad yn cael ei redeg gan y to hŷn. Pobol ganol oed a hŷn oedd mwyafrif yr aelodau ar brif bwyllgorau'r Urdd yn ganolog ac yn lleol ac yn eu dwylo nhw roedd y grym i wneud penderfyniadau ar bolisi a thrywydd y mudiad. Dyma'r genhedlaeth oedd wedi cadw'r fflam yn fyw mewn cyfnod anodd i'r Gymraeg ond roedd nifer ohonynt yn draddodiadol iawn eu hagwedd ac wedi eu mowldio gan y sefydliad mewn oes pan fu'n rhaid plygu glin a gofyn am gardod i unrhyw achos Cymraeg. Roedd eu cymhellion yn ddigon cywir ond roedd yna berygl real nad oeddent yn deall teithi meddwl y to newydd oedd yn codi yng Nghymru. Cyfyngwyd yr ieuenctid i drafod gweithgareddau yn unig a doedd Senedd yr Ifanc yn fawr mwy na siop siarad tra bod y grym a'r awdurdod i newid trywydd y mudiad gan y pwyllgorau. Yn Senedd yr Ifainc roedd y brwdfrydedd a'r bwrlwm ac yno roedd arweinwyr y dyfodol.

Mewn ymateb i bwysau cyson o gyfeiriad aelodau'r Aelwydydd sefydlwyd Comisiwn Bywyd a Gwaith yr Urdd er mwyn rhoi ystyriaeth i ddyfodol y mudiad. Canlyniad yr adroddiad oedd nodi'n glir bod angen pwyslais newydd ar agweddau sylfaenol o safbwynt: rôl yr Urdd yn y Gymru gyfoes gan gynnwys gweledigaeth, arweinyddiaeth, hyfforddiant a chyhoeddusrwydd. Roedd y mudiad wedi'r cyfan yn tynnu at ei hanner cant ac roedd angen diffinio a phenderfynu ar drywydd y dyfodol. Mae yna wers yma i bob cenhedlaeth ac yn wir i ni heddiw yn y fan hyn. Rhaid i fudiad ieuenctid iach gael ei seilio ar ddyheadau ac anghenion y rhai hynny y mae'r mudiad yn eu gwasanaethu ac mae'n angenrheidiol bod llais yr ifanc yn greiddiol yng ngweinyddiaeth a pholisi'r mudiad.

Roedd diwedd y chwedegau hefyd yn gyfnod o drawsnewidiadau sylfaenol. Roedd yr hinsawdd wleidyddol a chymdeithasol yn newid ac roedd ystyr Cymreictod yn ei ffurf newydd yn wahanol iawn i'r hyn ydoedd yn ystod hanner cyntaf y ganrif. Erbyn hyn roedd rôl yr Urdd fel mudiad cenedlaethol o reidrwydd yn gorfod ymateb i her y Gymru newydd a hynny'n rhan o'r broses o ailddiffinio ystyr Cymreictod. Daeth nifer cynyddol o gefnogwyr yr Urdd i'r casgliad bod llais yr Urdd fel mudiad amhleidiol yn gyfraniad positif mewn materion gwleidyddol eu naws.

Dyma'r cyfnod pryd y gwrthododd Swyddfa'r Post

Ennill cytundeb Antur Ŵyn Cymru i farchnata cig oen Cymreig gyda'r Prif Weithredwr, Nick Zalick a Glyn Heulyn, aelod o dîm Marchnata Strata.

Bwrdd y Cwmni ar ddiwedd yr wythdegau: Y fi, Elwyn Jones, Meirion Wyn Jones, Dawn Havard a Wyn Lewis.

Dechreuwyd gwasanaeth hofrennydd i gysylltu Aberystwyth â Chaerdydd, Birmingham a Llundain a chefais fynd ar y daith gyntaf i Gaerdydd yng nghwmni Leslie Morgan, Cadeirydd Bwrdd Datblygu Cymru Wledig a Roy Hancock, golygydd, pryd hynny, ar bapur y *Cambrian News*. Ar y pryd roedd y gwasanaeth yn syniad da ond byrhoedlog fu ei oes – doedd yr hofrennydd ddim yn medru hedfan mewn niwl!

Ar achlysur uno Strata a Matrix i ffurfio StrataMatrix yn 1989. Y fi gyda David Meredith, Andrew Reid a Brian Shields. Cafodd y cwmni newydd ei lansio mewn achlysur ysblennydd yng Nghastell Caerdydd.

Parti pen-blwydd y cwmni yn 21 oed yng Ngwesty Ynyshir, Eglwysfach. Y gŵr gwadd oedd Dylan Iorwerth.

I ddathlu pen-blwydd StrataMatrix yn 25 oed trefnwyd taith gerdded 18 milltir o StrataMatrix yn Aberystwyth i Strata Florida. Ymunodd 120 o gleientiaid a chefnogwyr â'r staff ar y daith a chodwyd £8,200 i'w rannu rhwng Ward Meurig yn Ysbyty Bronglais, a Barnardos – Apêl y Flwyddyn S4C. Dyma rai o dîm StrataMatrix yn Ystrad Fflur ar ddiwedd y daith. Blaen – Llinos Iorwerth, Non Gwilym, Sara Beechey, Yvonne Hesden. Cefn – Bethan Hartnup, Nans Morgan, Rhian Jones, Tomos Williams, Diane Davies, Glenys Evans, Dafydd Owen, Mair England, Dawn Havard, Wyn Gruffydd a fi.

Mair England yn egluro'r systemau monitro i Ddirprwy Brif Weinidog Cymru, Ieuan Wyn Jones ar achlysur agoriad swyddogol swyddfa newydd StrataMatrix ym Mhlas Gogerddan. Lansiwyd yn ogystal gwmni Monitor Cymru Cyf. Hefyd yn y llun mae Arwyn Davies, Diane Davies a Maer Aberystwyth yn 2008/9 Sue Jones-Davies.

Cyfarwyddwyr StrataMatrix 2010 – fi gyda Huw Jones a Arwyn Davies.

Golygfa gyfarwydd mewn cwmnïau cyfathrebu yw tîm yn trafod o gwmpas y bwrdd. Dyma stafell gyfarfod StrataMatrix ym Mhlas Gogerddan yn 2007. Yn gwmni i fi mae Arwyn Davies, Dawn Havard a Rhydian Mason yn trafod, dyfeisio a datblygu syniadau ar gyfer un o'n prif gleientiaid yn y diwydiant bwyd, gan droi breuddwydion a syniadau yn realiti. Yn y cefndir mae rhes o boteli glas adnabyddus Dŵr Tŷ Nant y buom yn gyfrifol am ddylunio labeli. Ar y wal mae llun o waith yr artist George Chapman a gyflwynwyd i ni ganddo fel cydnabyddiaeth wedi i ni ei gynorthwyo i hyrwyddo arddangosfa o'i waith yn Abertawe.

Tîm Materion Cyhoeddus StrataMatrix yn Swyddfa Bae Caerdydd yn 2008, sy'n pontio rhwng y gweithgaredd yn y Senedd ym Mae Caerdydd ac amryw o gwmnïau masnachol, elusennau a chyrff cyhoeddus. Byddwn yn monitro trafodaethau'r Llywodraeth, llunio dogfennau strategol a chynghori. Ein nod yw sicrhau cyfathrebu effeithiol ag Aelodau'r Cynulliad, eu cynghorwyr a'u swyddogion polisi. Yn y llun: Cefn – Kate Lewis, Rachel Coles, Aled Elwyn Jones, y fi, Wyn Gruffydd, Tomos Williams; Blaen – Sara Beechey, Llio Ellis, Arwyn Davies a Ceri John.

Yn y Gwaith

Gyda'r Gwleidyddion

Wedi pwyso ar yr awdurdodau am gyfnod o ddeg mlynedd fe lwyddwyd i adfer yr enw Llanfihangel Genau'r Glyn ar yr arwyddion ar gyrion y pentref. Mae'n un o'r enwau tlysaf yn yr iaith Gymraeg ac mae wedi ysbrydoli beirdd ers y 12fed ganrif. Mae cynllun ar droed i greu llwybr barddoniaeth yn y pentref i ddathlu'r traddodiad barddol lleol.

Yng nghwmni fy hen ffrind Dafydd Penlan ar glos y fferm yn Nhregaron.

Rwy'n ystyried cerdded yn ffordd dda o ymlacio, yn enwedig gyda chriw o ffrindiau da ac mae'n fwy o sbort byth os oes ambell dderyn yn y cwmni.

Sulwyn a finne wedi cyrraedd y brig.

Linda yn didoli'r bara yn Deli Cymru, 'siop orau Aberystwyth' ar y pryd. Mae Meleri a Manon yn y cefndir.

Sefydliad difyr yn Aberystwyth yw bwyty Gannets. Roedd Michael Winner yn gorfod gadael ar frys ac fe gamais i mewn i'r llun i ymuno â'r perchnogion Dilys a David Mildon.

Côr Cantre'r Gwaelod ar fin cystadlu yn Eisteddfod Genedlaethol Cricieth 1975. Y côr oedd fy unig ymgais i ganu ar lwyfan ers dyddiau cystadlu yn Eisteddfod yr Urdd. Roedd y cwmni'n dda o dan ofal ein harweinydd Bethan Bryn.

Ianto a tad-cu.

Y pedwar ohonon ni yn paratoi i fynd am dro ar hyd llwybrau coedlannau Genau'r Glyn.

Roedd hi'n noson fawr yng ngwesty'r Talbot ar sgwâr Tregaron ym mis Tachwedd 2005 pan gynhaliwyd aduniad i ddathlu 40 mlynedd Trip Côr Ysgol Uwchradd Tregaron i Copenhagen yn 1965 a oedd yn cynnwys 63 o ferched a 6 o fechgyn – y rhai mwyaf golygus yn yr ysgol! Mae Ethel Jones, yr athrawes Gerdd ac Ogwyn Davies, fy athro Celf yn y rhes flaen. Helpu Gareth Mathews i drefnu'r daith, yn y gwersi Daearyddiaeth, fu'r brentisiaeth orau posibl i fi ar gyfer fy ngyrfa.

Hanner nos, Calan 2008. Dathlu yn Barcelona mewn cwmni da, gyda Sulwyn, Glenys a Linda.

Mae'r llanciau ifainc yma yng nghanol tlodi Calcutta yn cael blas ar hanes Mistar Urdd yn *Bore Da.*

Yn y dyddiau cynnar gyda Max Boyce.

Mistar Urdd a deithiodd gyda Manon i gynhadledd ieuenctid yng Ngwlad y Sami.

Parti pen-blwydd Mistar Urdd yn 30 oed yn Eisteddfod Genedlaethol yr Urdd Rhuthun 2006.

Rhai o'r criw ardderchog o bobol a fu'n gweithio yn ardal Llandre, Dol-y-bont a'r Borth i godi arian i gronfa Apêl Eisteddfod Genedlaethol yr Urdd Ceredigion 2010. Codwyd 160% o'r targed lleol 9 mis cyn yr Eisteddfod. Yn y llun – Rhodri Llwyd, Gwenda ac Eric James, Brenda Williams a Llinos Evans.

Glanio gyda CIC a fersiwn newydd o gân Mistar Urdd 2002.

Mistar Urdd a'i ffrindiau – Pengwyn, Meleri Wyn a Garmon Rhys yn Ysgol Rhydypennau.

Noswyl Nadolig yn ein tŷ ni 1982.

Cafodd Mistar Urdd daith drwy'r gofod ar Ebrill 17, 1998 pan aeth y gofodwr o dras Cymreig, Dafydd Rhys Williams â gonc Mistar Urdd yn gydymaith iddo ar daith i'r Orsaf Ofod Rhyngwladol. Daeth ar ymweliad i Fae Caerdydd y mis Awst canlynol yng nghwmni cynrychiolydd o NASA i gyfarfod â Jim O'Rourke, Prif Weithredwr a Rhiannon Lewis, Cadeirydd yr Urdd. Mae'r gonc hwn bellach i'w weld yng Nghanolfan yr Urdd yn Llangrannog.

Mistar Urdd wrth wal Cofiwch Dryweryn yn Llanrhystud. Mae diogelu dyfodol y wal yn holl bwysig rhag i ni orfod dioddef sarhad Tryweryn arall.

Mistar Urdd yr Archentwr ar fur Ysgol Gymraeg yr Andes ym Mhatagonia.

Mistar Urdd yng Nghapel y Garn, Bow Street ar Sul yr Urdd a minnau'n dweud wrth y plant bod Mistar Urdd yn gwenu yn y capel.

Mistar Urdd a Henry Richard ar sgwâr Tregaron.

Sulwen Evans a Margaret Williams ar stondin yr Urdd yn Eisteddfod Genedlaethol Yr Wyddgrug 1991.

Mistar Urdd yn mwynhau Clonc.

Dyw Gareth Lewis, Rhydypennau, Ceredigion ddim yn un am deithio ar ei ben ei hun. Ers 32 o flynyddoedd mae Mistar Urdd wedi bod yn gwmni iddo yn ei gar. I nodi ei deyrngarwch fel un o ffrindiau gorau Mistar Urdd, cyflwynodd Carol Davies, Cadeirydd yr Urdd gonc newydd i gyn-yrrwr fan y Llyfrgell. Mae'r ddau wedi teithio 384,000 o filltiroedd gyda'i gilydd dros y cyfnod mewn ceir gwyn, coch a gwyrdd. Mae'r gonc gwreiddiol, a brynodd yn Siop Mistar Urdd yn Aberystwyth ym 1978, yn dal yn y car ond mae'n dioddef braidd am iddo fod ormod yn yr haul! 'Fydde'r car ddim yr un peth heb Mistar Urdd,' meddai Gareth.

Mistar Urdd mewn Lego.

Y brawd mawr gyda Glyn Wise.

Cerbyd Mistar Urdd yn barod i gychwyn ar daith hir trwy'r eira mawr o Geredigion i Bafiliwn Soffia yn Nghaerdydd ar gyfer achlysur lansio Mistar Urdd yn fyw.

Lawnsiad hanesyddol Pafiliwn Gerddi Soffia.
Hawlfraint Media Wales

Lucy Huws a Ruth Macdonald o Ysgol Penweddig. Y ddwy gyntaf i wisgo crysau Mistar Urdd.
Hawlfraint Media Wales

Y drws troi enwog ar stondin yr Urdd a fu'n nodwedd boblogaidd ar faes Eisteddfod Genedlaethol yr Urdd a'r Eisteddfod Genedlaethol am rai blynyddoedd.

Mistar Urdd ar lwyfan Pafiliwn Gerddi Soffia.
Hawlfraint Media Wales

gynhyrchu stamp i ddathlu pen-blwydd yr Urdd yn 50 oed, a'r awdurdodau'n gwrthod rhoi lle i Gymru gystadlu fel gwlad yn yr *Eurovision Song Contest*. Amlygodd hyn y broblem sylfaenol fod y penderfyniadau'n cael eu gwneud y tu allan i Gymru gan bobol heb unrhyw amgyffred o'r hyn oedd yn bwysig i bobol Cymru. Bu gwaith yr Urdd mewn ymgyrchoedd cenedlaethol megis dosbarthu gwybodaeth Gymraeg am y newid i arian degol, yr ymgyrch dros sianel deledu Gymraeg, y frwydr dros Ddeddf Iaith a'r symudiad at ddatganoli yn allweddol.

Roedd J Cyril Hughes wedi dychwelyd i'r mudiad i swydd Dirprwy Gyfarwyddwr cyn iddo gymryd drosodd y brif swydd. Roedd ei weledigaeth yn glir a chredai'n gryf y dylid sefydlu'r mudiad fel llais cadarn yng nghanol yr ymgyrchoedd. Roedd y Sefydliad, ac yn enwedig y Swyddfa Gymreig, yn ei chael hi'n anodd stumogi'r fath weithredu ond roedd ymwneud yr Urdd â'r ymgyrchu yn ychwanegu gwerth sylweddol at yr ymgyrchoedd ac yn cadarnhau safle'r mudiad fel pŵer grymus a dylanwadol ym mywyd Cymru.

Yn ystod y cyfnod hwn yr ymunais i â staff yr Urdd a chael y cyfle i gyfrannu at elfennau cyhoeddusrwydd y gwaith. Roedd yr Arwisgo erbyn hynny wedi digwydd a bu ailgynnau'r fflam yn y blynyddoedd wedi hynny'n waith anodd a chaled ond roedd yna awydd a phenderfyniad i adennill y tir a gollwyd. Gan yr Urdd, uwchlaw pob mudiad arall, roedd y gallu a'r rhwydwaith cenedlaethol i bontio rhwng carfannau ac i sicrhau'r adfywiad roedd ei angen ymhob rhan o Gymru. Roedd gweithgaredd yr Urdd yn ddi-os yn llwyddo i gyflwyno'r Gymraeg fel iaith ddeniadol a chyffrous.

BYW MEWN GOBAITH

Menter a Busnes

O fenter, daw hyder hil
Un ddafad a dry'n ddwy fil.

O fenter, daw'n hyder ni –
Nyth, ac adain i'th godi.

Dylan Iorwerth
Golygydd Gyfarwyddwr Golwg

YNG NGWANWYN 1979 PENDERFYNAIS adael fy swydd ar staff yr Urdd er mwyn ceisio torri fy nghwys fy hun.

Doedd y penderfyniad i gefnu ar staff yr Urdd ddim yn un hawdd ond sylweddolwn os na fyddwn yn cymryd y cam yr adeg honno y byddai gadael yn anoddach fyth ymhen rhai blynyddoedd. Doethach oedd i mi dynnu'r llinell ym merw'r ymgyrch cyn y byddwn yn mynd yn hŷn, a'r perygl o golli cysylltiad yn fwyfwy â'r aelodau.

Bu'n freuddwyd gennyf ers peth amser i sefydlu gwasanaeth cyfathrebu dwyieithog ac fe ddatblygodd hynny wedi nifer o drafodaethau rhwng Luned a David Meredith a Linda a finnau, fel rheol dros bryd o fwyd mewn bwytai yng Ngheredigion a Meirionnydd. Credai David mai'r cymdeithasau mwyaf gwâr yw'r rheiny sy'n trafod dros bryd da o fwyd. Canlyniad hyn oedd sefydlu Cwmni Strata, enw a ysbrydolwyd gan fynachlog Ystrad Fflur ym mherfeddion Ceredigion, cyrchfan pererinion a fu'n enwog fel canolfan rhagoriaeth, a lle'r oedd balchder yn y cain a'r tlws.

Maen nhw'n dweud mai cyfrinach llwyddiant unrhyw fusnes yw cychwyn y fenter ar yr amser iawn. Yn fy achos i, hon oedd yr adeg waethaf posibl i mi roi'r gorau i dderbyn cyflog cyson ar ddiwedd pob mis. Roedd Manon wedi cyrraedd deufis ynghynt i ychwanegu at ein teulu bach ni ac i gadw cwmni i Meleri ac roedd Linda wedi rhoi'r gorau i'w swydd fel athrawes er mwyn magu'r plant. Wyddwn i ddim beth oedd o'm blaen ond unwaith y gwnaed y penderfyniad doedd dim troi 'nôl. Rhaid oedd mentro a gwneud popeth posibl i droi'r syniad yn llwyddiant.

Yn 1979, rhywbeth i ymgyrchu amdano ac i ymgyrraedd ato oedd deddf iaith a sianel deledu Gymraeg a breuddwyd ffŵl oedd dychmygu y byddai gennym lywodraeth Gymreig

148

cyn diwedd y ganrif. Gwyddwn, ym mêr fy esgyrn serch hynny, y byddai'r holl ymgyrchu dros yr iaith a hunaniaeth Cymru yn debyg o arwain at newidiadau sylfaenol yng Nghymru a bod y pwyso a'r ymgyrchu gwleidyddol caled yn mynd i ddwyn ffrwyth yn y pen draw ac yn dilyn hynny byddai angen am wasanaethau cysylltiadau cyhoeddus Cymreig.

Dros y degawdau wedyn gwelwyd arwyddion clir o gynnydd yn y defnydd o'r iaith Gymraeg ac roedd boddi Tryweryn a digwyddiadau eraill wedi tanlinellu bod angen trin Cymru yn wahanol i Loegr. Roedd cydnabod hyn yn beth dieithr iawn i gwmnïau PR o'r tu allan i Gymru a hyd yn oed i ambell gwmni arall yn y maes oedd wedi ei leoli yma yng Nghymru.

O fynd ar fy liwt fy hunan roedd yn rhaid i mi dderbyn y byddai pethau'n wahanol. Roedd y gwmnïaeth yn dda ar staff yr Urdd a phopeth yn waith tîm. Roedd ein teyrngarwch yn llwyr i'r achos ac i'n gilydd heb gyfri'r gost na'r amser. O benderfynu mynd i weithio ar fy liwt fy hun byddwn yn treulio llawer iawn o amser ar fy mhen fy hun ac yn siŵr o weld eisiau'r cwmni.

Er fy mod i wedi cyffwrdd â nifer o agweddau busnes y mudiad roedd mynd i fusnes fy hun yn fater gwahanol iawn a doedd gen i ddim ond £100 i'w fuddsoddi yn y cwmni newydd a heb fawr o obaith i gael benthyciad sylweddol. Ychydig, mewn gwirionedd, a wyddwn am y maes a doeddwn i chwaith ddim yn dda am wneud syms. Roedd fy nhad-cu wedi dechrau ei fusnes ei hun a chlywais fwy nag unwaith iddo yntau fynd trwy gyfnodau digon anodd. Byddai'n rhaid i minnau wynebu'r melys a'r chwerw ond roeddwn yn ddigon naïf i beidio â phoeni'n ormodol am hynny. Gwyddwn hefyd y byddai'n rhaid byw trwy gyfnodau anodd yn ariannol ac y byddai'n rhaid cadw i fynd. Gwir y gair, mewn cyfnodau o gynnu, bûm o fewn trwch blewyn i golli fy nghartref o leia ddwywaith yn ystod y deng mlynedd ar hugain. Mae'n deimlad unig iawn pan fo pethau'n mynd o chwith ac mae cefnogaeth lwyr y bobol o'ch cwmpas, yn bartneriaid ac yn staff, ac yn arbennig y teulu, yn hanfodol i unrhyw un sy'n rhedeg busnes. Mae cefnogaeth rheolwr banc a chyfrifydd da hefyd yn gymorth mawr.

Mae'n anodd rhag-weld beth sydd o'ch blaen mewn busnes ac ar adegau fe all pob menter fod yn fregus ac yn agored i gael ei defnyddio i bwrpasau unigolion a sefydliadau allanol. Feddyliais i erioed y byddwn rywbryd yn rhan o ymchwiliad rhyngwladol gan yr heddlu ond dyna a ddigwyddodd pan ddaeth swyddogion Interpol i'n swyddfa yn Aberystwyth yn yr 80au i archwilio ein ffeiliau yn sgil arestio un o'n clientau ar gyhuddiad o gamweinyddu ariannol. Roeddwn yn siarad ar y ffôn gyda'i ysgrifenyddes pan ymwelodd yr heddlu â'i swyddfa a'i gipio. Doedd gen i'r un syniad bod yna ddim byd o'i le a chafodd y ffeiliau byth eu dychwelyd a does gen i ddim awydd i'w cael yn ôl mwyach.

Un peth oedd yn sicr, sef na fyddwn i byth wedi cychwyn rhedeg fy musnes fy hun oni bai am Mistar Urdd. Yr ymgyrch fawr honno a roddodd yr ysfa ynof i fentro a'r hyder i wynebu troeon yr yrfa yn y byd ansicr hwn.

Cefais gychwyn digon da i fy menter newydd wrth ennill cytundeb gan Fwrdd Datblygu Cymru Wledig i drefnu Gŵyl Aberystwyth yn 1980. Syniad ydoedd a ddeilliodd o ymweliad yr Albanwr, Dr Iain Skewis, Prif Weithredwr y Bwrdd, ag Aberystwyth ar Ŵyl y Banc newydd, Calan Mai, yn 1978. Teimlai fod y dre'n hollol farw ac yn dlawd iawn o ran twristiaid. Gwelodd gyfle i geisio datblygu achlysur mawr ar linellau tebyg i Ŵyl Caeredin, fel cyfrwng i ddenu ymwelwyr ar adeg dawel a chreu cyfle i godi proffil y dre. Llugoer iawn oedd ymateb llawer o'r bobol leol ac roedd cysyniad yr ŵyl yn atgas i gefnogwyr Cymdeithas yr Iaith ac Adfer am fod arian cyhoeddus yn cael ei ddefnyddio i sybsideiddio dyfodiad diwylliant estron i'r ardal. Llwyddwyd, fodd bynnag, i Gymreigio cryn dipyn ar y cysyniad gwreiddiol gyda chydweithrediad pobol fel John Hughes, Ysgrifennydd y Bwrdd, a Dewi Hughes oedd yn gyfrifol am raglen Datblygu Cymdeithasol y Bwrdd. Denai'r gweithgareddau Cymraeg yn aml fwy o gynulleidfa na'r digwyddiadau celfyddydol ac adloniadol eraill. Roedd yr artistiaid yn cynnwys sêr byd-enwog megis Kung-Wha Chung, RLPO, Vladimir Ashkenazy, Cleo Laine, Petula Clark, Teulu'r Nolans, Stuart Burrows a Max Boyce. Cofiaf y bu'n dasg anodd i ni gael Ken Dodd i adael y llwyfan am ei fod wedi ymgolli'n llwyr o flaen cynulleidfa a wnaeth ymateb mor dda iddo. Trefnwyd Noson Lawen a bu Dai Jones a Jenny yn cynnal nosweithiau Sion a Siân a Neuadd y Brenin yn orlawn. Yn dilyn gŵyl ddigon llwyddiannus yn 1980 cefais y gwaith o drefnu'r digwyddiad unwaith eto yn 1981 ac yn 1982. Y bwriad wedyn oedd trosglwyddo'r ŵyl i gyfrifoldeb lleol, ond doedd fawr o ddiddordeb, mewn gwirionedd, yn enwedig o gyfeiriad y Cyngor lleol, a gwanychu hyd at farwolaeth a wnaeth yn fuan wedyn.

Roeddwn wedi llwyddo i adeiladu sylfaen digon addawol o glientau amrywiol yn y dyddiau cynnar gan gynnwys busnesau lleol megis Canolfan Chwaraeon Aberystwyth a chwmni yswiriant Rees Astley ac roedd cyrff cenedlaethol fel Llyfrgell Genedlaethol Cymru a'r Eisteddfod Genedlaethol yn ychwanegu at statws y cwmni. Roedd fy nghysylltiadau yn y Bwrdd Datblygu wedi golygu bod tipyn o waith yn dod i'm cyfeiriad gan wahanol adrannau'r Bwrdd yn y Drenewydd ond gan fod cysylltiadau cyhoeddus yn beth newydd yng Nghymru roedd yn rhaid i mi, felly, ddatblygu marchnad i Strata.

Un o'r cerrig milltir pwysicaf oedd dechrau cyflogi staff. Y tu ôl i bob pennaeth busnes mae 'na ysgrifenyddes dda a dyna'n union yr hyn a gefais wrth gyflogi Nans Morgan a fu'n aelod teyrngar o'r tîm am flynyddoedd lawer. Un o natur bwyllog iawn yw Nans na fedr ddim yn y byd ei chynhyrfu ond fe ddysgodd wers fawr iawn i mi. Pa mor drwm bynnag oedd pwysau gwaith a phrinned bynnag yr amser yn y swyddfa, fethodd Nans erioed â dal y post. Bachgen dawnus o Dregaron, ac o gefndir tebyg iawn i mi, oedd Niel Owen, ac ŵyr i weinidog capel Bwlchgwynt o flaen fy nhad. Ymunodd â mi yn nyddiau cynnar y cwmni ac yntau wedi cael profiad o weithio mewn PR i Theatr Clwyd. Ond ymhen y flwyddyn daeth ataf i ddweud ei fod am newid cyfeiriad a'i fod yn symud i weithio i'r sector gyhoeddus. Credais fod fy myd ar ben.

Wedi deng mlynedd mewn busnes roeddem wedi cyrraedd croesffordd o ran twf y cwmni. Roeddwn i'n awyddus i gael presenoldeb yng Nghaerdydd fel sylfaen i adeiladu busnes i'r dyfodol. Ar y pryd, roeddwn yn cyflogi tîm o ddylunwyr yn ein stiwdio yn Aberystwyth ar gyfer cynhyrchu llawer iawn o ddeunyddiau i'w hargraffu. Yn sgil sgwrs a gefais â Brian Shields, sylfaenydd Matrix Communications, un o'r cwmnïau dylunio gorau yn y brifddinas, sylweddolwyd ein bod ni yn Strata a Brian yn Matrix mewn sefyllfa debyg. Doedd dim modd i'r un ohonon ni symud ymlaen rhyw lawer heb benderfynu ar ryw ddatblygiad radical. Roedden ni'n wynebu newidiadau enfawr a phellgyrhaeddol yn sgil datblygiadau'r dechnoleg mewn dylunio a byddai hyn yn gost anferth i gwmni bach. Daethon ni i'r casgliad bod y ddau gwmni'n gweithio i safonau tebyg a phenderfynu, er mwyn cadw lan ag anghenion y farchnad, mai uno'r ddau gwmni oedd yr ateb gorau. Dyna fel y crëwyd StrataMatrix a'r ddau enw'n priodi'n dda i'w gilydd.

O fy safbwynt i roedd y manteision hefyd yn cynnwys swyddfa chwaethus yng nghanol Caerdydd. Cafodd y cwmni newydd ei lansio mewn achlysur ysblennydd yng Nghastell Caerdydd a mawr oedd y cyffro. Fodd bynnag, ymhen blwyddyn ar ôl uno, cawsom ein taro gan ddirwasgiad enbyd yn yr economi a effeithiodd yn drwm ar waith yr adran ddylunio. Bu'n rhaid i mi ddysgu nad yw pawb yn ymateb yn yr un modd dan bwysau ariannol ac, yn sgil hynny, penderfynodd mwy na hanner staff ochr Matrix o'r cwmni dorri pob cysylltiad â gweddill StrataMatrix. Arhosodd Brian yn deyrngar a buom yn cydweithio'n agos am flynyddoedd wedyn hyd ei ymddeoliad rai blynyddoedd yn ôl.

Dros y blynyddoedd mae gwaith y cwmni wedi cyffwrdd ag ymron pob agwedd ar fywyd Cymru ac wedi ymwneud â threfnu i hyrwyddo Cymru a chynnyrch Cymreig. Rhoddwyd cryn bwyslais ar hyrwyddo bwyd a diodydd mewn gwahanol rannau o wledydd Prydain ac mewn amryw o wledydd ledled y byd, megis Ffrainc, Sbaen, Yr Almaen, Yr Eidal, Dubai a Hong Kong. Cawson ni gyfle, fwy nag unwaith, i fynd â thalentau gorau Cymru i ddigwyddiadau hyrwyddo yn Ewrop ac, wrth fynd â sêr Cymreig fel Elin Fflur a Mirain Haf a chriw Glanaethwy, llwyddon ni i gyflwyno delwedd ifanc gyfoes o Gymru.

Un o'r profiadau mwyaf cynhyrfus oedd cymryd rhan gyda chriw o ieuenctid Ysgol Glanaethwy yng ngorymdaith Arglwydd Faer Dinas Llundain yn 2007. David Lewis, gŵr o dras Gymreig â'i wreiddiau ym mhentref Pumsaint, oedd yn cael ei arwisgo'n faer y flwyddyn honno ac roedd wedi gofyn am gynrychiolaeth Gymreig yn yr orymdaith. Fel y gallwch ddychmygu roedd ein presenoldeb ni o dan ofal Rhian a Cefin Roberts yn creu mwy o impact na neb arall a ninnau yng nghanol cannoedd o dablos yn cynrychioli militariaeth, elusennau a lleiafrifoedd ethnig Llundain. Bu'n waith caled i dynnu a gwthio Pair y Dadeni anferthol ar olwynion ar hyd strydoedd Llundain a hynny yn nhawch dom ceffylau. Y thema oedd bod y Gymru newydd yn codi allan o'r Pair ac roedd cerddoriaeth 'Yma o Hyd' Dafydd Iwan yn atseinio drwy'r strydoedd wrth i ni fynd heibio'r Mansion House, Y Banc, a'r London Wall a'r dorf o filiwn a hanner o ddinasyddion Llundain yn llenwi'r palmentydd ac yn chwifio'u baneri Jac yr Undeb a baner San Siôr wrth ein cymeradwyo ar hyd y ffordd.

Ar sail ein profiad yn datblygu Mistar Urdd y cawsom ein hapwyntio i weithio ar un o'r cytundebau mwyaf arwyddocaol pan ofynnwyd i ni gan S4C, ym mlwyddyn gynta'r sianel a chyn i'r sianel fynd ar yr awyr, ymgymryd â'r cyfrifoldeb o hyrwyddo trwyddedau ar gyfer cynhyrchu nwyddau yn sgil rhaglenni animeiddio *Superted* a *Wil Cwac Cwac* ac i fod yn gyfrifol am ymgyrch farchnata'r gwasanaeth teledu newydd ledled Cymru.

Mae'r syniad o weithio ym myd cysylltiadau cyhoeddus yn amlwg yn apelio at bobol ifanc. Bu cymaint o alw ar un adeg am brofiad gwaith myfyrwyr ysgolion uwchradd oedd am ddod atom am gyfnod o brofiad gwaith fel y bu'n rhaid i ni atal y cydweithredu. Un prynhawn derbyniais chwe chais gan ddisgyblion o un ysgol.

Tra oedd ar ganol ei chyfnod o brofiad gwaith o Goleg y Normal ym Mangor yr ymunodd un o fyfyrwyr y Cwrs Cyfathrebu â ni'n gynnar yn yr wythdegau. Sylweddolais fod Dawn Hughes (Havard wedyn) wedi ei geni i weithio mewn PR ac ymdaflodd i'r gwaith yn syth gan ddychwelyd am ychydig ar gyfer ei harholiadau terfynol cyn dod yn ôl aton ni i Aberystwyth i ailgydio yn y gwaith y bu ynddo wedyn am 25 mlynedd.

Rwy'n amcangyfrif fy mod wedi teithio 850,000 o

filltiroedd busnes, ar hyd ffyrdd Cymru yn bennaf, ac wedi llabyddio sawl car yn ystod y 30 mlynedd. Wn i ddim beth ddywed hynny am fy ôl troed carbon, gan fy mod yn fwy ymwybodol o hynny erbyn hyn. Gyda swyddfeydd yn Aberystwyth a Chaerdydd mae'r daith rhwng y ddau le wedi dod yn gyfarwydd iawn i mi ac mae'r presenoldeb deuol wedi ein galluogi i bontio llawer rhwng y Gymru wledig a'r de diwydiannol. Bu cael presenoldeb ym Mae Caerdydd yn gyfrwng i ni fanteisio ar y cyffro a'r ymwybyddiaeth wleidyddol newydd ac fe agorodd ddrysau i ni fel cwmni i arloesi drwy ymateb i gyfleoedd newydd, yn fwyaf arbennig ym maes monitro gwleidyddol a chynllunio strategol, a hynny wrth gwrs ers sefydlu'r Cynulliad Cenedlaethol.

Mae pob cytundeb yn perthyn i gyfnod ac er bod pob prosiect yn dod i ben mae'r cysylltiad yn parhau, yn aml. Un o'r enghreifftiau o hynny yw cwmni Castle Cement yn Padeswood ger yr Wyddgrug. Cawsom gytundeb am dri mis i gynorthwyo'r cwmni â chais cynllunio i godi odyn newydd gwerth £68miliwn ar y safle. Bu'r cytundeb yn ein dwylo am ddeng mlynedd a dysgais lawer iawn am y natur ddynol wrth ddelio â phrotestwyr penboeth. Bu'r cwmni'n hael ei gefnogaeth i'r Eisteddfod Genedlaethol ac Eisteddfod yr Urdd ac, am y tro cyntaf erioed, defnyddiwyd y Gymraeg i gyflwyno gwybodaeth am gynhyrchu sment i'r cyhoedd.

Mae llawer o'r gwaith wedi ein harwain i sefyllfaoedd anodd lle mae'r cyfathrebu wedi methu neu pan fo pethau wedi mynd yn rhy bell a rhagfarnau'n llywio trafodaethau. Maes yr ydym wedi datblygu iddo yn ystod y blynyddoedd diwethaf yw ynni adnewyddol ac yn arbennig ffermydd gwynt lle mae grwpiau bychan o wrthwynebwyr yn creu sefyllfaoedd anodd iawn i'r datblygwyr. Yn aml byddant yn creu hinsawdd lle mae'n anodd iawn i gynnal trafodaeth resymol am fod emosiwn a rhagfarn wedi cymryd drosodd a thensiynau'n datblygu yn aml ac, yn anffodus iawn, rhwng cymdogion a chymunedau a hyd yn oed o fewn teuluoedd. Pa mor gyffrous bynnag yw gwaith y cwmni yr hyn sydd wedi ein galluogi i gadw i fynd yw'r ymdeimlad o berthyn i dîm. Yma mae criw o bobol yn gweithio'n glòs gyda'i gilydd er mwyn sicrhau effeithiolrwydd y cwmni a byddwn yn cyd-lawenhau mewn llwyddiannau ac yn cynnal ein gilydd ymhob rhyw siomedigaeth. Mae'n sefyllfa debyg iawn i'r hyn a brofais fel aelod o staff yr Urdd.

A'r cwmni wedi ei sefydlu ers dros 30 mlynedd bellach roedd i bob cyfnod ei bwyslais arbennig yn ogystal â'i gynnwrf. Gallwn ymfalchïo yn y ffaith mai ni oedd y cwmni cyntaf yn hen sir Dyfed i feddu ar beiriant ffacs ac mai ni oedd yr asiantaeth gyntaf yn Ewrop i gynhyrchu hysbyseb deledu i farchnata Amlosgfa, yn sgil agor Amlosgfa Aberystwyth.

Dros y blynyddoedd mae'r cwmni wedi cyflogi yn agos at gant o bobol ardderchog. Y nod ar hyd yr amser oedd adeiladu'r tîm mwyaf talentog yng Nghymru er mwyn darparu'r safon uchaf o wasanaethau. Yn ogystal â'r tîm sefydlog mae yna griw cyson arall wedi cyfrannu'n sylweddol at gynnal y cwmni drwy gyfrannu sgiliau ychwanegol, yn sgrifenwyr, dylunwyr, ffotograffwyr a chydlynwyr.

Er bod tri aelod o'r staff sydd wedi rhoi dros 25 mlynedd o wasanaeth teyrngar i'r cwmni, sef Mair England, Yvonne Hesden a Glenys Evans, mae'r tîm wedi cynrychioli trawstoriad iach o ran ystod oedran a phrofiad. Dros y blynyddoedd bu newid yn y staff ac mae colli unrhyw aelod yn ofid ac yn gadael bwlch. Bûm yma'n ddigon hir i sylweddoli bod gan bawb eu huchelgais a'u breuddwydion a bu'n bleser cael gweld cynifer o bobl ifanc yn datblygu yn ystod eu gyrfa, yn magu hyder ac yn meistroli sgiliau. Gadawodd ambell aelod o'r staff i ddilyn gyrfa ymhellach mewn cysylltiadau cyhoeddus newyddiaduraeth: mae Arthur Dafis nawr yn gweithio i Goleg Prifysgol Aberystwyth, Niel Owen i Gyngor Ceredigion, Llinos Iorwerth i Gyngor Ynys Môn a Hywel Trewyn yn olygydd newyddion gyda'r *Daily Post*. Mentro i fyd busnes yn y byd arlwyo wnaeth Glyn Heulyn yng Ngwesty'r Harbourmaster yn Aberaeron a Sara Beechey yn Nhafarn y Llong yn Llangrannog a sefydlodd Marc Evans ei ymgynghoriaeth ei hun, sef Civitas. Trodd Caryl Lewis yn awdures broffesiynol a chafodd glod arbennig gyda'i nofel arobryn *Martha Jac a Sianco* ac mae Ceri Jones yn gweithredu fel dylunydd llawrydd yn Nhal-y-bont. Mynd i fyd gweinyddu a chyfathrebu gwleidyddiaeth wnaeth carfan arall ac mae Non Gwilym, Llinos Madeley ac Aled Elwyn Jones yn dal swyddi cyfrifol yn y Cynulliad Cenedlaethol ac mae'n destun balchder mawr fod un o'n cyn-Gyfarwyddwyr ni, Elwyn Jones (Wews), yn Gyfarwyddwr Cyngor Llyfrau Cymru. Hyd yma does yna 'run o staff StrataMatrix yn aelod etholedig o'r Cynulliad, ond mae'n siŵr mai mater o amser fydd hynny.

Un a gychwynnodd yn ei swydd gyntaf gyda'r cwmni oedd Arwyn Davies. Aeth wedi hynny yn Brif Weithredwr Mudiad Ffermwyr Ifainc Cymru ac yn Gyfarwyddwr Cyfarwyddiaeth Fwyd Awdurdod Datblygu Cymru cyn dychwelyd atom eto yn 2006 i fod yn Rheolwr Gyfarwyddwr StrataMatrix a gafael yn y llyw. Cefais innau fy ngwneud yn Gadeirydd ac roedd cyfethol Huw Jones i eistedd ar Fwrdd y Cwmni yn ychwanegu gwybodaeth a phrofiad sylweddol i'r tîm.

O ddechrau'n syml iawn mewn stafell sbâr yn ein cartref yn Llanfihangel Genau'r Glyn tyfodd ystod gweithgareddau'r cwmni a dros y blynyddoedd mae Cymru fel gwlad wedi aeddfedu'n fwyfwy i sylweddoli pwysigrwydd cyfathrebu effeithiol. Yn y dyddiau cynnar byddai cwsmeriaid yn curo ar ein drws yn gofyn am ein cymorth i sicrhau cyhoeddusrwydd yn y wasg a'r papurau. Bu'n arwydd o ddatblygiad pan newidiodd y gofynion ambell dro i fod yn llawer iawn mwy soffistigedig a daeth rhai atom i ofyn i ni gadw eu henwau allan o sylw'r wasg a'r cyfryngau.

Rwyf wedi sylweddoli bod gweithio mewn PR yng Nghymru yn wahanol i unrhyw le arall. Gair sensitif iawn yn y Gymru Gymraeg yw 'llwyddiant'. Mae'n derm allweddol mewn cysylltiadau cyhoeddus ledled y byd ond rhywle yn ein hisymwybod ni'r Cymry ystyrir llwyddiant yn rhywbeth sy'n perthyn i bobl eraill ac mewn ffordd od mae'n creu ymdeimlad anghysurus a hyd yn oed, yn wir, yn achosi embaras. Tra bod cynnwys y gair llwyddiant yn rhoi gwedd bositif i unrhyw neges, mae angen ei ddefnyddio'n sensitif yn y cyd-destun Cymreig. Nodwedd arall o'r psyche Cymreig yw ein hamharodrwydd i ddangos ein gorfoledd wrth wneud elw am ein bod yn ofni y gall hynny greu cenfigen ac eiddigedd. Mae ein hisraddoldeb yn deillio o ganrifoedd o ormes ac mae deall y nodweddion Cymreig hyn yn elfen greiddiol o gyfathrebu effeithiol yng Nghymru ac yn cadarnhau'r pwysigrwydd o ddatblygu diwydiant cyfathrebu Cymreig cynhenid.

Dros y blynyddoedd rwyf wedi ymhél â nifer o gwmnïau a phartneriaethau, rhai yn atebion dros dro ac eraill yn fwy hirhoedlog, a rhai yn fwy llwyddiannus na'i gilydd. Yn gynnar yn yr wythdegau cychwynnais gwmni Carlam Cyf er mwyn marchnata cynnyrch cwmnïau bach y Canolbarth mewn digwyddiadau megis yr *Horse of the Year Show*, sioeau amaethyddol, digwyddiadau yng Nghanolbarth Lloegr, a Llundain yn arbennig. Un tro trefnwyd i gymryd stondin mewn Ffair Nadolig yn neuadd ddawns enwog y Luceum ar y Strand. Roeddem yn gwerthu jympyrs tshynci a ffasiynol iawn ar y pryd ar ran gwneuthurwraig o Aber ac roedd yr holl stoc wedi gwerthu yn ystod y bore cyntaf. Roedd yn rhaid anfon stoc newydd mewn fan yr holl ffordd o Geredigion i Lundain a digon o gyflenwad ar gyfer y ddau ddiwrnod oedd yn weddill ond roedd yr iaith yn goch wedi i ni sylwi'n ddamweiniol ein bod wedi gwerthu'r llwyth cyntaf ar bris cost, heb wneud yr un geiniog o elw. Ysgol ddrud yw ysgol brofiad.

Menter arall oedd partneriaeth rhwng Linda a finna a Dawn ac Adrian Havard oedd agor siop delicatessen dan yr enw Deli Cymru ar lawr gwaelod adeilad StrataMatrix yn Rhodfa'r Gogledd yn Aberystwyth. Bu'r profiad o ddatblygu'r syniad yn fwy melys na'r realiti am i archfarchnad Safeway agor ar gyrion y dre'n fuan wedyn a bod pobol yn gyffredinol, nid dim ond y Cardis, yn dueddol o siopa ar sail pris yn hytrach na safon a gwasanaeth personol. Llwyddwyd i gynnal y fenter am ddwy flynedd ac roeddem yn falch iawn o'r siop o safbwynt cynnyrch a delwedd ond roedd yn dreth aruthrol ar ein hamser a hynny'n ychwanegol at ein gwaith gyda StrataMatrix. Sylweddolwyd y byddai angen addasu'r siop i fod yn hanner caffi er mwyn goroesi, ac fe lwyddwyd i'w osod i denant arall ac mae sawl menter wedi bod yn llwyddiannus yno wedyn.

Yna, ad-drefnwyd StrataMatrix i fod yn ddau gwmni a throsglwyddo'r gwaith monitro i fod dan adain cwmni Monitor Cymru Cyf. Sefydlwyd y cwmni arall, Melin Cyf., ar gyfer darparu gwasanaethau ymgynghorol.

Rwyf wedi dod ar draws rhai pobol mewn gwahanol sefyllfaoedd sydd yn ddiflas yn eu gwaith, naill ai wedi blino yn eu swyddi neu'n cwyno am fod popeth sy'n ymwneud â'u gyrfa a'u cyflogwyr yn anfoddhaol ac o chwith. Diolch byth na chefais i erioed y teimlad hwnnw a gallaf ddweud yn gwbwl onest i mi, dros y blynyddoedd, fwynhau fy ngwaith yn wirioneddol. Cefais, yn aml, fy meddiannu gan fy ngwaith heb i hynny, gobeithio, achosi diflastod a bod yn boring i eraill. Weithiau, bydd ton o frwdfrydedd am syniad neu syniadau yn cymryd drosodd ac yn ysgubo heibio unrhyw rwystrau neu beryglon a allai arwain at ddinistr.

Y gair mawr yn ein busnes ni yw *deadline* a chan fod popeth erbyn hyn yn symud yn gyflymach daw'r teimlad ambell dro bod angen y gallu i symud mynyddoedd er mwyn cyrraedd y nod mewn pryd rhag siomi unrhyw glient. Wrth gwrs, byddwn yn gorliwio wrth awgrymu fod pob cwsmer wedi bod yn rhwydd gweithio iddyn nhw ond lleiafrif bychan iawn sy'n wirioneddol anodd ac mae ennill drosodd y rhai mwyaf anodd yn her ac yn rhoi mwy o bleser i mi na dim. Do, fe gafwyd ambell i foment wan, dan bwysau ariannol a llwyth gwaith a blinder heb fod digon o amser mewn diwrnod. Cafwyd ambell siom go fawr ond gyda chymorth teulu, cyd-weithwyr a chyfeillion rwyf wastad wedi credu '... daw eto haul ar fryn'. Mae troi'r difrifol yn ddoniol yn aml yn help ac yn ysgafnhau'r beichiau trymaf.

Rwy'n anghysurus iawn pan gaf fy nghyflwyno fel gŵr busnes a theimlaf ias oer i lawr fy asgwrn cefn wrth gael fy nisgrifio fel *entrepreneur* am na fyddwn i byth yn ystyried fy hun yn ddyn busnes llwyddiannus. Cyfrwng yw busnes i mi er mwyn gwireddu breuddwyd ac rwy'n ystyried bod rôl menter mewn busnes yn fwy na dim ond gwneud elw. Mae cyfle a chyfraniad gan fentrau preifat i fod yn ddeinamig i gefnogi diwylliant, iaith, cyflogaeth ac economi ac mae'n cynnig dimensiwn gwahanol a chreadigol, yn enwedig mewn gwlad sy'n ddibynnol iawn ar gyflogaeth gyhoeddus. Rhaid ar yr un pryd gofio mai'r realiti yw bod angen i bob busnes wneud elw er mwyn gwireddu'r freuddwyd. Y gamp yw cael y balans yn iawn. Mae ymrwymiad cwmnïau Cymreig cynhenid megis Gravell's, Bwydydd Castell Howell ac Ynni Gwynt Cymru i gefnogi'r Urdd ar hyn o bryd yn cadarnhau hyn a bydd eraill yn dilyn.

O ba le bynnag y daw'r galwadau gwaith mae bob amser yn braf dychwelyd i dawelwch Llanfihangel Genau'r Glyn. Mae yma gymdogaeth hyfryd a go brin y gall unrhyw un yn y fro hon gwyno am nad oes dim byd i'w wneud rhwng gweithgareddau'r gymuned a darpariaethau Aberystwyth. Mae yma lawer o adar a choedlannau, nythed o feirdd ac ar hyn o bryd sŵn plant yn sgil mewnlifiad newydd o ddeuluoedd ifanc Cymraeg i gyfoethogi bywyd y pentref.

Bellach yn ein tŷ ni mae'r plant wedi gadael y nyth ac wedi ffurfio eu bywydau eu hunain. Rwy'n hynod o falch ohonynt ac yn hapus iawn bod Meleri a Manon wedi cael swyddi lle mae'r Gymraeg yn gyfrwng canolog yn eu gwaith a'u bod yn byw bywyd hyd yr eithaf. Nawr, mae Meleri ar staff S4C yn gweithredu polisi isdeitlo'r cwmni a Manon yn hen swydd ei thad yn Swyddog Marchnata a Chysylltiadau Cyhoeddus yn nhîm Sian Eleri Davies yn Swyddfa'r Urdd yn Aberystwyth.

Mae cynnal gwasanaethau cyhoeddus yn yr ardaloedd gwledig yn faich trwm ar gyllid cyhoeddus. Sylwais pan gaeodd siop y pentref pa mor negyddol oedd yr effaith ar fywydau nifer o'r pentrefwyr, yn enwedig yr henoed. Y mae adfywio economi'r cymunedau gwledig yn gwbwl hanfodol o safbwynt dyfodol ein ffordd o fyw, o ran diogelu'r Gymraeg fel iaith gymunedol a chynnal ansawdd bywyd yn gyffredinol. Y gwir plaen yw nad yw'r rhelyw o'n cymunedau gwledig yn gynaliadwy ond dydy dweud hynny ddim yn golygu nad oes modd adeiladu sylfaen i economi Gymreig leol a ffyniannus. Un o'r mentrau rwy'n wirioneddol falch o fod yn gysylltiedig â hi o'r cychwyn yw Golwg Cyf. sydd bellach yn ganolfan gyhoeddi sylweddol â thrac record o gynhyrchu cylchgrawn materion cyfoes wythnosol ers dros ugain mlynedd ac yn cael ei arwain yn llwyddiannus iawn gan Dylan Iorwerth ac Enid Jones. Erbyn hyn mae is-gwmni yn darparu gwasanaeth newyddion-ar-lein, sef Golwg360. Mae Golwg yn fagwrfa i newyddiaduraeth Gymraeg ac mae hefyd yn fenter fasnachol lwyddiannus ac yn creu cyflogaeth i dros ugain o staff sy'n gweithio trwy gyfrwng y Gymraeg yn Llanbed, Caernarfon a Chaerdydd. Rwy'n aml yn meddwl beth fyddai cyfraniad deg menter debyg yng Ngheredigion, neu mewn unrhyw sir arall, ar yr economi a'r diwylliant yn lleol. Ychydig a feddyliodd Dylan Iorwerth, Roy Stephens a minnau yn ystod ein cyfarfod cyntaf yn fy swyddfa yn Aberystwyth yn 1987 i drafod y syniad o sefydlu cwmni i gynhyrchu cylchgrawn y byddai'r fenter wedi ehangu i'r graddau hyn.

Mae angen hybu'r diwylliant o fentro ond rhaid derbyn nad yw byd busnes yn siwtio pawb.

BYTHOL WYRDD

– yr hyn mae'n ei olygu i bobl ifanc sy'n bwysig

'Pan symudodd yr Urdd i mewn dros y ffordd i ni yma yn y Bae dangosodd y mudiad ei fod yn ysu am fod yn rhan, nid yn unig o fywyd dinesig cynyddol ddwyieithog y brifddinas, ond o'r ymdrech i adeiladu dinasyddiaeth newydd Cymru yn ogystal. Wrth i floedd o ddinasyddion ifanc heidio i aros yno ac ymuno yn rhaglen addysgol Tŷ Hywel a'r Senedd dyma'r Urdd yn dod yn bartner mor fywiog ag erioed i adeiladu'r wlad ddemocrataidd newydd ar gyfer ei holl ddinasyddion.'

Arglwydd Dafydd Elis-Thomas AC
Llywydd Cynulliad Cenedlaethol Cymru
Bae Caerdydd

PAN WNES I'R PENDERFYNIAD yn 1979 i ddod â'm cyfnod ar staff cyflogedig yr Urdd i ben roeddwn yn sylweddoli na fedrwn fyth adael yr Urdd. Roedd y mudiad wedi dod yn rhan ganolog o'm bywyd ac roedd gennyf ddyled fawr i'w had-dalu. Bu'r profiadau gwahanol, y cyfle i gynnig a datblygu syniadau, yr hwyl a'r cwmni da yn amhrisiadwy ac ni allwn fyth eu hanghofio.

Gallwn barhau fy nghysylltiad â'r mudiad a'r gwmnïaeth trwy gyfrannu'n wirfoddol. Roedd gennyf dipyn bach o brofiad o ymwneud â gweithgaredd lleol yr Urdd yn yr ysgol, yn Aelwyd Myrddin ac yn cynorthwyo Dic Puw fel cyd-arweinydd Aelwyd Rhydypennau. Daeth cyfle wedyn i mi ymwneud â'r gwaith ar lefel genedlaethol pan gefais fy ethol o fewn ychydig flynyddoedd yn Is-gadeirydd y Cyngor ac wedyn yn Gadeirydd y mudiad o 1990 tan 1997. Rwyf bellach yn un o'r Llywyddion Anrhydeddus gyda Prys Edwards a Bob Roberts ac yn ymddiriedolwr y mudiad. Mae bod yn ymddiriedolwr yn golygu ysgwyddo baich cyfrifoldeb corff mawr ac eang iawn sydd bellach yn fusnes sylweddol gyda throsiant blynyddol o £8miliwn sydd, gyda llaw, yn golygu costau wythnosol o £150,000. Ond mae'r pwysau hynny'n cael ei rannu bellach rhwng y Llywyddion Anrhydeddus a chwech arall sy'n cynnwys Rhiannon Lewis, Sion Edwards ac Aled Walters a hynny dan arweiniad deallus Efa Gruffydd Jones y Brif Weithredwraig a'r Cyfarwyddwr Ariannol Mai · Parry Roberts a'r Cadeirydd Carol Davies.

Bu'r cyfnod pan oeddwn yn Gadeirydd yn dipyn o her, heb ddigon o oriau yn y dydd, am fod gwaith yr Urdd yn cymryd talp o'r wythnos a minnau ar yr un pryd yn ceisio rhedeg cwmni oedd yn tyfu, felly prin iawn oedd yr amser hamdden. Roedd fy nghyfnod yn y Gadair yn pontio rhwng dau Gyfarwyddwr, sef John Eric Williams a Jim O'Rourke, ac yn gyfnod o gryn newid yn y mudiad. Yn ôl yr arfer yr adeg hynny, byddai'r Cadeirydd yn areithio yn flynyddol o lwyfan pafiliwn yr Eisteddfod Genedlaethol ac roedd disgwyl i hynny fod yn gyfrwng i ysbrydoli'r arweinwyr. Bûm hefyd yn cadeirio'r pwyllgor staffio am saith mlynedd a sylweddolais yn fuan bod yna beryglon yn y swydd honno am fy mod yn siomi mwy nag roeddwn yn eu plesio wrth dorri'r newydd o bwy oedd dewis y pwyllgor ar gyfer pob swydd. Byddwn hefyd yn teithio llawer iawn dros Gymru i gyfarfodydd a digwyddiadau. Cofiaf i mi roi gwahoddiad personol i Tony Blair ddod ar ymweliad ag Eisteddfod yr Urdd y flwyddyn honno ac iddo ymddangos yn llawn bwriad i fod yno. Serch hynny, mewn cyfarfod cyhoeddus i wahodd yr Eisteddfod i Wrecsam a'r neuadd yn llawn yn Rhosllannerchrugog cefais fy nghyflwyno fel John Eric Williams! Yn ôl y sôn aeth nifer o bobol y Rhos adre wedi cael argraff dda iawn o John Eric.

Ers dyddiau plentyndod roedd pwysigrwydd yr Urdd wedi ei argraffu ar fy meddwl a dros y blynyddoedd gwerthoedd yr Urdd sydd wedi bod yn sail i bopeth i mi. Mae gwasanaeth i Gymru, i Gyd-ddyn ac i Grist yn ddelfryd rwyf wedi ceisio anelu ati yn fy mywyd personol ac yn y gwaith a'r rhain yw'r gwerthoedd y dymunwn i Gymru ac i bob Cymro ymrwymo iddynt.

Mae'n debyg y bydd yn rhaid i'r Urdd wynebu sawl her yn y dyfodol ond mae gallu'r mudiad, ar hyd yr amser, i addasu i ateb anghenion cyfnodau gwahanol yn cadarnhau i mi y gallwn wynebu'r blynyddoedd a ddaw yn hyderus.

Ym 1922 pan sefydlodd Syr Ifan yr Urdd roedd Cymru'n wlad wahanol iawn i'r hyn ydyw heddiw. Er gwaetha erchylltra'r Rhyfel Mawr roedd y capeli'n dal yn bwerus yn y gymdeithas a'u dylanwad yn fawr o fewn gwleidyddiaeth trwy'r Blaid Ryddfrydol. Roedd y Gymraeg yn iaith gymunedol gref mewn llawer iawn o ardaloedd. Ond, roedd arwyddion gwael yn ffigurau Cyfrifiad 1921 wrth iddynt ddangos dirywiad sylweddol yn nifer y siaradwyr Cymraeg – 37 y cant o boblogaeth Cymru oedd yn siarad Cymraeg o'i gymharu â 60 y cant yn 1890. Prin oedd y Gymraeg yn yr ysgolion ac roedd yr iaith yn ddibynnol iawn ar y capeli a'r ysgolion Sul ac yno y cafodd cenedlaethau'r cyfle i ddysgu darllen Cymraeg safonol y Beibl. Y tu allan i'r byd crefyddol prin oedd y sefydliadau cenedlaethol Cymreig. Y Saesneg oedd iaith popeth swyddogol ac roedd grym a phŵer Prydain Fawr wedi treiddio i bellafoedd byd a'r balchder hwnnw i'w deimlo yng nghymoedd mwyaf diarffordd Cymru. Roedd y cymunedau hefyd yn sefydlog eu natur am fod teithio o le i le'n anodd.

Mae'n arwyddocaol mai mewn erthygl yn y cylchgrawn Cymraeg i blant, *Cymru'r Plant,* roedd Syr Ifan yn ei olygu wedi marwolaeth ei dad, y sefydlwyd yr Urdd yn y lle cyntaf. Roedd dylanwad a dilyniant y cylchgrawn yn ei wneud yn gyfrwng effeithiol i gyhoeddi cam mor fawr. Heddiw mae'n bur debyg mai ar y cyfryngau newydd rhwydweithiol y byddai'r lansiad wedi digwydd

Bu'r ymateb yn dilyn cyhoeddi'r erthygl yn *Cymru'r Plant* yn syfrdanol ac fe dyfodd y mudiad yn gyflym a changhennau'n codi fel madarch ledled Cymru. Yr oedd newydd-deb y gweithgareddau a delwedd gyfoes y wisg a'r baneri'n apelio at ieuenctid y cyfnod ac roedd y gweithgareddau'n gynhyrfus ac yn gyfle i wneud ffrindiau newydd mewn digwyddiadau mawr: mabolgampau, eisteddfodau, gwersylloedd a mordeithiau.

O fewn rhai blynyddoedd bydd pen-blwydd yr Urdd yn gant oed. Bydd natur a siâp yr Urdd yn ystod y blynyddoedd nesaf yn debyg o newid ac mae'n anodd dychmygu i ba gyfeiriad yr aiff yn ystod yr ail ganrif. Mae'n bur debyg y bydd Anthem yr Urdd 'Dathlwn glod...' wedi ei hen gladdu.

Byddai rhai'n dadlau bod y blynyddoedd nesaf yn mynd i fod yn gyfnod anoddach fyth i'r Urdd gyda mwy o gystadleuaeth, a disgwyliadau plant, pobl ifanc, a rhieni'n enwedig, yn uwch nag erioed. Yn sicr mi fydd y cyfnod nesaf yn heriol i bob elusen wrth i'r gwirfoddolwyr brinhau o ran niferoedd. Mae cymhlethdodau gofal plant ac ieuenctid yn y gymdeithas gyfoes hefyd yn rhwystrau a all wneud pethau'n fwy anodd fyth i fudiadau megis yr Urdd.

Mae'r dirywiad mawr yn nylanwad y sefydliadau crefyddol traddodiadol Cymraeg, a'u tranc bellach yn ymddangos yn anorfod, yn gadael bwlch enfawr a'i effaith ar gymdeithas yn ddifaol, yn enwedig i bobl ifanc – nid yn unig yn grefyddol a moesol ond hefyd yn ddiwylliannol ac yn ieithyddol ac yn fwyaf arbennig o safbwynt cyflwyno gwerthoedd a safonau. Dyma fwlch y gall yr Urdd ei lenwi drwy gyflwyno gwerthoedd i bobl ifanc ar sail gwasanaeth i Gymru, i gyd-ddyn ac i Grist. Mae'n hanfodol derbyn bod yn rhaid i fudiad ieuenctid wthio'r ffiniau a symud pethau yn eu blaen a gall hyn ambell dro fod yn boenus i'r Cymry traddodiadol ceidwadol. Cofiaf unwaith wrth siarad â newyddiadurwr amlwg am ryw syniad newydd oedd yn berwi ynof, i'r sinig ynddo yntau ymateb trwy ddweud, "The traditionalists in the North and West will kill that for you." Mae hyn wrth gwrs yn berygl real ond dyletswydd yr Urdd yw symud Cymru yn ei flaen. Gyda natur gosmopolitan nifer o'n dinasoedd a'n trefi mwyaf yn bodoli ers blynyddoedd, bellach mae'r newid yn treiddio i'n cymunedau llai.

Yn ddi-os, mae cymdeithas sydd yn cyflym dyfu'n aml-ddiwylliant ac aml-ffydd yn mynd i bwyso ar i'r Urdd ddiffinio'r trydydd cymal o ffyddlondeb i Grist.

Mae cymeriad unigryw'r Urdd fel darparwr, ac yn aml unig ddarparwr gweithgareddau cyfrwng Cymraeg, yn golygu na all, ac na ddylai'r mudiad, eithrio aelodau ar sail eu cefndir diwylliannol a chrefyddol. Ar sail safonau a gwerthoedd Cristnogol yr adeiladwyd y mudiad, ac mae hynny'n parhau. Ond, mae hyblygrwydd yr Urdd yn golygu y gall y mudiad arwain drwy chwilio am dir cyffredin ymhlith y sectau crefyddol a'r digrefydd er mwyn pontio a datblygu dealltwriaeth a goddefgarwch. Amser a ddengys a fydd hyn yn anodd i ieuenctid o gefndiroedd ffwndamentalaidd, boed yn Gristnogion neu'n perthyn i grefyddau eraill, ond nid mudiad unllygeidiog yw'r Urdd.

Byddai'r sinig yn honni y gall y newidiadau hyn arwain at ddifodiant yr Urdd ond mae eraill ohonon ni'n gweld hyn yn gyfle newydd i'r Urdd arwain, cyn belled â'n bod yn sicr bod gan y mudiad yr adnoddau priodol i wynebu'r her. Un peth sy'n sicr yw y bydd cyfraniad yr Urdd yn parhau i arwain yn gadarn o safbwynt defnyddio a hyrwyddo'r Gymraeg. Brwydr barhaus yw ceisio poblogeiddio iaith leiafrifol a diogelu ei pharhad.

Mae'r ieuenctid o hyd yn heidio i'n canolfannau preswyl a'r galw yn fawr am le yn Llangrannog, Glan-llyn a Bae Caerdydd lle mae'r Gymraeg yn gyfrwng bywiog a lle mae bywyd yn hwyl. Pwy all fesur dylanwad y cyfle sy'n cael ei gyflwyno i bobl ifanc ddatblygu sgiliau perfformio a chelfyddydol yn eisteddfodau'r Urdd a'r myrdd o gystadlaethau chwaraeon sy'n denu 40,000 o aelodau'r mudiad yn flynyddol? Bydd diogelu poblogrwydd ac apêl y gweithgareddau hyn yn gwbwl allweddol i holl ddyfodol yr Urdd a bydd angen dyfeisio syniadau newydd yn gyson.

Mae twf yr ysgolion Cymraeg a brwdfrydedd y rhieni, y mwyafrif ohonynt yn ddi-Gymraeg, yn ysbrydoliaeth i'r mudiad ac yn arwydd clir bod angen i'r Urdd symud fwyfwy tuag at ddarpariaeth deuluol o safbwynt gweithgareddau a chreu cyfleoedd i deuluoedd cyfan ddysgu a defnyddio'r iaith yn naturiol.

Mae'r ysgolion cyfrwng Saesneg yn darged pwysig ac yn cynnig her wahanol i'r Urdd ond bellach, a'r disgyblion yn derbyn lefel o hyfforddiant yn y Gymraeg, mae gweithgareddau'r Urdd yn ychwanegiad hanfodol i gyflwyno profiadau byw a delwedd eang i'r disgyblion trwy gyfrwng yr iaith.

Bydd her fawr y dyfodol yn parhau yn y ddau grŵp oedran sy'n perthyn i'r arddegau, sef 13–15 a 16–18 oed. Rhaid darganfod ffyrdd newydd yn barhaus ar gyfer cyflwyno'r Gymraeg fel iaith gŵl, apelgar a chynhyrfus i'r bobol ifanc hyn. Mae'n sialens fawr ond yr Urdd yn anad unrhyw fudiad arall all gyflawni hyn.

Gyda'r byd yn mynd yn llai, fel petai, bydd gweledigaeth ryngwladol yr Urdd yn parhau, a'r pwysigrwydd o greu dealltwriaeth rhwng pobol ifanc y gwledydd yn cael ei weld yn gyfraniad positif i wrthweithio yn erbyn tensiynau gwleidyddol. Mae teithiau tramor yr Urdd hefyd yn gyfrwng i gyflwyno delwedd ifanc o Gymru i wledydd eraill.

Nid amarch ag athrawon yw dweud bod yr Urdd yn orddibynnol ar y rhai hynny o'r proffesiwn sy'n barod i roi o'u hamser i arwain a hyfforddi aelodau'r Urdd. Byddai'r mudiad yn hesb iawn hebddynt. Ond, fe fyddai denu gwirfoddolwyr a hyfforddwyr o'r tu allan i fyd addysg yn un ffordd o ehangu ystod darpariaeth yr Urdd ac yn fantais o safbwynt delwedd drwy gyfleu'r syniad nad estyniad o'r ysgol yn unig yw'r Urdd.

Mae'n duedd gan rai o fewn y Sefydliad i weld yr Urdd fel darparwr ac mae'n ffaith y gall gweithgareddau'r Urdd fod yn gyfrwng hwylus i lywodraeth, cyrff cyhoeddus ac awdurdodau lleol lenwi bylchau yn eu darpariaeth nhw eu hunain, i gyflawni targedau cyrhaeddiad ac i gyrraedd at gynulleidfa fawr o ieuenctid. Popeth yn iawn ynglŷn â hynny ond, yn y pen draw, yr hyn sy'n bwysig yw diogelu dyfodol yr Urdd fel mudiad annibynnol. Yr ymdeimlad o berthyn i fudiad yw un o werthoedd pwysicaf yr Urdd a dyna sy'n esgor ar frwdfrydedd a theyrngarwch.

Rwy'n gwybod bod yna arwyddion ar adegau bod yr Urdd yn groendenau o ran derbyn unrhyw fath o feirniadaeth a bod perygl bod rhai ohonom wedyn yn oramddiffynnol. Mae'r Clybiau Ffermwyr Ifanc hefyd yn dioddef llawn mor ddrwg o 'run symtomau. Hwyrach ei fod yn gyflwr cyffredin ymhlith yr elusennau ac yn deillio o'r ymdeimlad o berchnogaeth o'r mudiadau gwirfoddol yn y wlad a'r dybiaeth felly bod busnes yr Urdd yn fusnes i bawb ymhob rhan o'r wlad. Bydd natur fwy masnachol yr Urdd o reidrwydd yn golygu newid yn yr ethos gyda mwy o'r penderfyniadau'n gorfod cael eu gwneud yn sydyn gan swyddogion gweithredol. Go brin y gall mudiad sy'n gorfod sicrhau incwm o £150,000 yr wythnos weithredu'n effeithiol os oes disgwyl i bob penderfyniad gael ei wneud gan bwyllgor o wirfoddolwyr.

Cefais y cyfle i gydweithio gyda phob un o bum pennaeth yr Urdd. Swydd Cyfarwyddwr oedd hi i R E Griffith, Cyril Hughes a John Eric Williams ac yn sgil twf yr Urdd fel busnes a newid yng ngofynion y swydd trodd y teitl i fod yn Brif Weithredwr ar gyfer Jim O'Rourke ac Efa Gruffudd Jones ac mae pob un ohonynt wedi bod yn rhan allweddol o'r broses o sicrhau bod yr Urdd heddiw'n fwy llwyddiannus nag erioed. Mae pob un wedi bod yn garreg filltir a phob un wedi gosod ei stamp ei hun yn drwm ar natur a chymeriad yr Urdd. Yn yr un modd mae prif swyddogion gwirfoddol hefyd wedi ac yn parhau i lywio cyfeiriad y mudiad.

Gan mai mudiad sy'n darparu ar gyfer ieuenctid yw'r Urdd mae delwedd yn hollbwysig. Fel y gŵyr y cwmnïau masnachol rhyngwladol does dim gobaith apelio at bobl ifanc oni bai fod y ddelwedd yn apelgar. Rhaid bod yn ddyfeisgar ac addasu a newid yn ôl tueddiadau'r oes. Dyna oedd bwriad Mistar Urdd ac er bod yna resymau penodol a strategol y tu ôl i'w enedigaeth – yr hyn oedd, a'r hyn yw, i blant heddiw sy'n bwysig. Cymeriad bywiog, hoffus, direidus a thipyn o gês sy'n ffrind i bawb sy'n ffrind i'r Urdd.

Yr hyn mae plant a phobol eraill yn llwyddo i'w wneud o Mistar Urdd sy'n cyfrif yn y pen draw, boed mewn carnifal, noson lawen, neu mewn llun neu gartŵn. Dyma sy'n ei wneud yn gymeriad byw a dyna beth sy'n rhoi'r boddhad mwyaf i mi. Mae gweld gwaith plant ar furiau ysgol, yn yr eisteddfod ac mewn cylchgronau yn dweud mwy na dim byd arall am Mistar Urdd fel cyfrwng i hyrwyddo'r mudiad.

Mae Ysgoldy Bethlehem yng nghanol pentref Llanfihangel Genau'r Glyn wedi tyfu'n naturiol yn ganolfan gymdeithasol i'r gymuned ac yn gartref i nifer o weithgareddau'n cynnwys Ysgol Sul, Cylch Ti a Fi, Merched y Wawr, Y Cyngor Cymuned a Chymdeithas Treftadaeth. Yn hongian ar un wal mae baner heddwch chwaethus o waith aelodau cangen leol Merched y Wawr yn 1983 ar y thema 'Heddwch'. Ymhlith y clytwaith o ddelweddau lliwgar sy'n cynrychioli Cymru, mae un o'r aelodau wedi pwytho Mistar Urdd.

Yn ystod haf 2009 roeddwn yn cerdded drwy bentref hyfryd Tre-fin yn Sir Benfro uwchlaw'r hen felin enwog a anfarwolwyd gan Crwys. Yno, wrth ochr y ffordd y tu fas i un o'r bythynnod gwyliau, roedd dwy ferch ifanc wedi bod yn casglu cerrig o'r traeth ac wedi eu paentio. Gofynnodd y merched i ni yn Gymraeg a fyddai diddordeb gyda ni i brynu un o'r cerrig. Sylwais ar y cynlluniau lliwgar ar bob carreg, yn symbolau amrywiol o sêr, cylchoedd a phatrymau amryliw haniaethol. Roedd pysgod ar rai ac adar ar eraill. Roedd Mistar Urdd wedi ei baentio ar rai o'r cerrig.

'Beth yw pris carreg a llun o Mistar Urdd arni?' gofynnais, ac wedi saib dywedodd un o'r merched yn swil, 'Tri deg ceiniog, plîs'. 'Fe hoffwn i gael carreg Mistar Urdd ac fe gei di bum deg ceiniog amdano,' dywedais.

Roedd e'n werth llawer mwy na 50c i mi.

Annwyl Mistar Urdd,

Rydw i'n cystadlu yn yr Urdd y flwyddyn yma eto. Rwy'n hoff o gystadlu a chael mynd i'r Eisteddfod gyda fy ffrindiau – mae'n hwyl! Fy hoff gystadleuaeth yw'r cerdd dant ac rwy'n canu deuawd efo fy ffrind. Dwi'n gobeithio y bydda i'n iach y flwyddyn yma, oherwydd ces i dynnu fy mhendics ar ôl y steddfod gylch y llynedd – hen dro! Yn yr ysgol, Mathemateg a Chelf yw fy ffefrynnau. Mae gen i lawer o ffrindiau da. Ffrindiau bach a mawr. Ffrindiau gorau am byth. Mae ffrindiau'n bwysig, yn union fel ti Mistar Urdd...

Ti yw fy arwr,

ti yw fy ffrind.

Ti sy'n hwyl a sbri,

lle bynnag rwyf yn mynd.

Ti sy'n dod â ni ynghyd,

ac yn helpu plant Cymru i gyd.

O diolch, Mistar Urdd am ein helpu ni i gadw'r iaith.

Begw, Ysgol Pen Baras

Cystadleuaeth ysgrifennu llythyr yn y cylchgrawn *Cip*, 2010

Am restr gyflawn o lyfrau'r Lolfa, mynnwch
gopi o'n catalog newydd, rhad
neu hwyliwch i mewn i'n gwefan

www.ylolfa.com

Ile gallwch archebu llyfrau ar lein.

TALYBONT CEREDIGION CYMRU SY24 5HE
ebost ylolfa@ylolfa.com
gwefan www.ylolfa.com
ffôn 01970 832 304
ffacs 832 782